"十三五"江苏省高等学校重点教材配套练习册

《计量经济学——理论·方法·EViews应用》练习册

（第二版）

郭存芝　主编

科学出版社
北　京

内 容 简 介

本书是《计量经济学——理论·方法·EViews应用》（第四版）的配套练习册，内容编排与主教材一一对应，包括导论、一元线性回归模型、多元线性回归模型、随机解释变量问题、多重共线性、异方差性、序列相关性、虚拟变量模型、滞后变量模型、时间序列分析、联立方程模型共十一章和两套期末测试题，并附参考答案。本书的练习题型包括单选题、多选题、判断题、简答题、案例分析题、上机题，能为学生提供较全面的计量经济学课程基础知识和基本技能的训练。

本书可作为经济类、管理类专业本科计量经济学课程的教辅资料。

图书在版编目（CIP）数据

《计量经济学——理论·方法·EViews应用》练习册／郭存芝主编. --2版. —北京：科学出版社，2022.1

“十三五”江苏省高等学校重点教材配套练习册

ISBN 978-7-03-070682-9

Ⅰ.①计… Ⅱ.①郭… Ⅲ. ①计量经济学–高等学校–习题集 Ⅳ. ①F224.0-44

中国版本图书馆CIP数据核字（2021）第232357号

责任编辑：方小丽／责任校对：贾娜娜

责任印制：赵 博／封面设计：蓝正设计

科学出版社出版

北京东黄城根北街16号

邮政编码：100717

http://www.sciencep.com

北京凌奇印刷有限责任公司印刷

科学出版社发行 各地新华书店经销

*

2016年7月第 一 版 开本：787×1092 1/16

2022年1月第 二 版 印张：11 1/4

2025年1月第十四次印刷 字数：267 000

定价：32.00元

（如有印装质量问题，我社负责调换）

前　言

本书是为已出版的教材《计量经济学——理论·方法·EViews应用》（第四版）编写的配套练习册，旨在突出基础知识和基本技能的训练，巩固课堂教学，取得良好的教学效果。

本书对教材中的每一章都安排了一定数量的练习题，可由教师灵活掌握，作随堂练习或课后作业。练习册最后的期末测试题，既可用于教师全面了解学生的学习情况，也可用于学生期末复习中的自我测试。

本书由郭存芝担任主编，杜延军、李春吉、王万珺参与了编写。

在本书的编写过程中，我们参考了国内外许多优秀的计量经济学教材及其配套习题集，在此，一并表示最衷心的感谢。

由于编者水平有限，书中难免存在不足之处，敬请读者批评指正。

编　者

2021年5月于南京财经大学

目　录

第一章

导　论

一、单选题

1. 同一统计指标按时间顺序记录的数据序列称为　　（　　）

A. 截面数据　　B. 虚拟变量数据

C. 时间序列数据　　D. 平行数据

2. 样本数据的质量问题，可以概括为完整性、准确性、可比性和　　（　　）

A. 时效性　　B. 一致性

C. 广泛性　　D. 系统性

3. 有人采用全国大中型煤炭企业的截面数据，估计生产函数模型，然后用该模型预测未来煤炭行业的产出量，这是违反了数据的哪一条原则？　　（　　）

A. 一致性　　B. 准确性

C. 可比性　　D. 完整性

4. 判断模型参数估计量的符号、大小、相互之间关系的合理性属于什么检验？（　　）

A. 经济意义检验　　B. 统计检验

C. 计量经济学检验　　D. 模型的预测检验

5. 对下列模型进行经济意义检验，哪一个模型通常被认为没有实际价值？　　（　　）

A. C_i（消费）=500+0.8I_i（收入）

B. Q_{di}（商品需求）=10+0.8I_i（收入）+0.9P_i（价格）

C. Q_{si}（商品供给）=20+0.75P_i（价格）

D. Y_i（产出量）=0.65 $K_i^{0.6}$（资本）$L_i^{0.4}$（劳动）

6. 设M为货币需求量，Y为收入水平，r为利率，流动性偏好函数为$M=\beta_0+\beta_1 Y+\beta_2 r+\mu$，$\hat{\beta}_1$和$\hat{\beta}_2$分别为$\beta_1$、$\beta_2$的估计值，根据经济理论有　　（　　）

A. $\hat{\beta}_1$应为正值，$\hat{\beta}_2$应为负值　　B. $\hat{\beta}_1$应为正值，$\hat{\beta}_2$应为正值

C. $\hat{\beta}_1$应为负值，$\hat{\beta}_2$应为负值　　D. $\hat{\beta}_1$应为负值，$\hat{\beta}_2$应为正值

7. 同一时间不同个体的相同统计指标的样本数据是　　（　　）

A. 原始数据　　B. 时点数据

C. 时间序列数据　　D. 截面数据

8. 计量经济模型的被解释变量一定是 （ ）

A. 控制变量　　B. 政策变量

C. 内生变量　　D. 外生变量

9. 对没有观测数据的变量人为赋值所给出的数据称为 （ ）

A. 截面数据　　B. 时间序列数据

C. 虚拟变量数据　　D. 原始数据

10. 回归模型中，由模型本身决定的变量是 （ ）

A. 外生变量　　B. 内生变量

C. 先决变量　　D. 滞后变量

11. 半对数模型 $Y=\beta_0+\beta_1\ln X+\mu$ 中，参数 β_1 的含义是 （ ）

A. X的绝对变化引起的Y的绝对变化

B. Y关于X的边际变化

C. X的相对变化引起的Y的绝对变化

D. Y关于X的弹性

12. 半对数模型 $\ln Y=\alpha_0+\alpha_1 X+\mu$ 中，参数 α_1 的含义是 （ ）

A. X的绝对变化引起的Y的相对变化

B. Y关于X的弹性

C. X的相对变化引起的Y的绝对变化

D. Y关于X的边际变化

13. 双对数模型 $\ln Y=\beta_0+\beta_1\ln X+\mu$ 中，参数 β_1 的含义是 （ ）

A. X的相对变化引起的Y的绝对变化

B. Y关于X的边际变化

C. X的绝对变化引起的Y的相对变化

D. Y关于X的弹性

14. 在满足经典假设的回归分析中，下列说法正确的是 （ ）

A. 被解释变量和解释变量均为随机变量

B. 被解释变量和解释变量均为非随机变量

C. 被解释变量为随机变量，解释变量为非随机变量

D. 被解释变量为非随机变量，解释变量为随机变量

15. 下列变量之间具有双向因果关系的是 （ ）

A. 总消费和总收入　　B. 个人消费和个人收入

C. 资本投入和产出　　D. 性别和工资

16. 下列数据类型不属于面板数据的是 （ ）

A. 100户家庭过去10年的收入、消费、储蓄、就业、医疗等方面的数据

B. 我国内地31个省级行政区域过去30年地区生产总值、价格的数据

C. 我国过去30年GDP、价格、就业的数据

D. 100个国家过去10年的基尼系数

17. 计量经济学中应用的数据质量不包括 ( )

A. 完整性　　B. 准确性

C. 可比性　　D. 时效性

18. 下列模型属于静态模型的有 ( )

A. $C_t = \beta_0 + \beta_1 Y_t + \beta_2 C_{t-1} + \mu_t$

B. $C_t = \beta_0 + \beta_1 Y_t + \beta_2 Y_{t-1} + \mu_t$

C. $C_t = \beta_0 + \beta_1 Y_t + \mu_t$

D. $C_t = \beta_0 + \beta_1 Y_t + \beta_2 Y_{t-1} + \beta_3 C_{t-1} + \mu_t$

19. 广义计量经济学不包括 ( )

A. 相关分析　　B. 回归分析

C. 时间序列分析　　D. 投入产出分析

20. 对于消费函数模型 $C_t = \beta_0 + \beta_1 Y_t + \mu_t$，$\hat{\beta}_1$ 为负值，则 ( )

A. 不能通过经济意义检验　　B. 结果是合理的

C. 无法通过统计推断检验　　D. 无法通过计量经济检验

21. 2005～2010年，每年在市场中随机抽取1 000个雇员所搜集到的工资、学历、工龄、性别的数据属于 ( )

A. 时间序列数据　　B. 截面数据

C. 面板数据　　D. 混合数据

二、多选题

1. 在单方程计量经济模型中可作为解释变量的有 ( )

A. 政策变量　　B. 控制变量

C. 内生变量　　D. 外生变量

2. 下列属于统计推断检验的是 ( )

A. 拟合优度检验　　B. 变量显著性检验

C. 模型预测检验　　D. 方程显著性检验

3. 计量经济学分析过程包括 ( )

A. 理论模型的设定　　B. 模型参数的估计

C. 模型的检验　　D. 模型的应用

4. 参数估计量满足的小样本性质包括 ( )

A. 线性性　　B. 无偏性

C. 有效性　　D. 一致性

5. 数据常见的几种类型有 ( )

A. 截面数据　　B. 时间序列数据

C. 面板数据　　D. 虚拟变量数据

三、判断题

1. 计量经济学是经济理论、数学、统计学的结合，是经济学、数学、统计学的交叉学科，但这三门学科简单地合起来，不能替代计量经济学。（　　）

2. 参数估计量是以公式形式表示的参数估计结果，是非随机变量。参数估计值是将具体的样本观察数据代入参数估计公式得到的参数估计结果，是具体的数值。（　　）

3. 计量经济学检验包括异方差性检验、自相关性检验、多重共线性检验等。（　　）

4. 无论是单向因果关系还是双向因果关系都应用单方程模型进行分析。（　　）

5. 平均工资和物价水平往往具有双向因果关系。（　　）

6. 面板数据是结合了时间序列数据和截面数据特征的数据，面板数据在计量经济研究中的应用价值较大。（　　）

7. 在计量模型中，与随机方程一样，恒等方程也含有随机误差项。（　　）

8. 计量模型有两类参数需要估计，即结构参数和随机误差项的分布参数。（　　）

9. 模型检验中，如果通过了统计推断检验，就不需要再进行计量经济学检验。（　　）

10. 既有时间序列特征又有截面特征的数据，一定是面板数据。（　　）

四、简答题

1. 计量经济学与经济理论、统计学、数学的联系是什么？

2. 模型的检验包括哪几个方面？具体含义是什么？

3. 怎样理解计量经济学与经济统计学的关系？

4. 请分别举出时间序列数据、截面数据、面板数据的1个实际例子。

5. 计量经济模型的应用包括哪几个方面?

6. 参数估计量与参数估计值有什么区别?

7. 计量经济学研究的基本步骤是什么?

五、案例分析题

1. 下列假想模型是否属于揭示因果关系的计量经济学模型?为什么?

(1) $S_t=112.0+0.12R_t$,其中 S_t 为第 t 年农村居民储蓄增加额(单位:亿元),R_t 为第t年城镇居民可支配收入总额(单位:亿元)。

(2) $S_{t-1}=4\,432.0+0.30R_t$,其中 S_{t-1} 为第$t-1$年年底农村居民储蓄余额(单位:亿元),

R_t为第 t 年农村居民纯收入总额（单位：亿元）。

2. 指出下列假想模型中的错误，并说明理由：

$$RS_t = 8\,300.0 - 0.24RI_t + 1.12IV_t$$

其中，RS_t为第 t 年社会消费品零售总额（单位：亿元）；RI_t为第t年居民收入总额（是指城镇居民可支配收入总额与农村居民纯收入总额之和）（单位：亿元）；IV_t为第t年全社会固定资产投资总额（单位：亿元）。

3. 下列设定的计量经济模型是否合理？为什么？

（1）$GDP = \beta_0 + \sum_{i=1}^{3}\beta_i GDP_i + \mu$

其中，GDP_i（i=1，2，3）为第i产业的增加值；μ为随机干扰项。

（2）财政收入=f（财政支出）+μ，μ为随机干扰项。

4. 在对某商品的消费需求研究中建立了如下模型：

$$\ln C_t = \beta_0 + \beta_1 \ln Y_t + \beta_2 \ln P_t + \mu_t$$

其中，C表示对该商品的消费支出；Y表示居民可支配收入；P表示该商品的价格；t表示观察值下标。经过参数估计得到如下回归结果：$\ln C_t = 3.1 + 3.2\ln Y_t - 1.1\ln P_t$。

（1）请解释 β_1、β_2 的经济含义。

（2）根据参数的经济意义，解释模型的参数估计结果是否合理。

5. 教育回报模型为wage=f（edu，exp，gen，ind，city，fatwage），其中，wage表示个人薪水，edu表示教育水平，exp表示工作经验，gen表示性别，ind表示工作所在行业，city表示工作所在城市，fatwage表示其父亲的薪水。建立如下模型：

$$\ln \text{wage}_i = \beta_0 + \beta_1 \ln \text{edu}_i + \beta_2 \ln \exp_i + \beta_3 \ln \text{gen}_i + \beta_4 \ln \text{ind}_i + \beta_5 \ln \text{city}_i + \beta_6 \ln \text{fatwage}_i + \mu_i$$

（1）请解释 β_1 的经济含义。

（2）如果在模型中增加解释变量edu^2，意味着教育水平和个人薪水对数值之间的关系有怎样的变化？

（3）请解释 β_3 的经济含义。

（4）请解释 β_6 的经济含义，如果其估计值为0.6，意味着什么？

第二章

一元线性回归模型

一、单选题

1\. 设OLS法得到的样本回归模型为 $Y_i = \hat{\beta}_1 + \hat{\beta}_2 X_i + e_i$，以下说法正确的是 （　　）

A. $\sum e_i \neq 0$　　　　B. $\sum e_i \hat{Y}_i \neq 0$

C. $\bar{\hat{Y}} \neq \bar{Y}$　　　　D. $\sum e_i X_i = 0$

2\. 回归分析中定义的 （　　）

A. 解释变量和被解释变量都是随机变量

B. 解释变量为非随机变量，被解释变量为随机变量

C. 解释变量和被解释变量都为非随机变量

D. 解释变量为随机变量，被解释变量为非随机变量

3\. 一元线性回归分析中的回归平方和ESS的自由度是 （　　）

A. n　　　　B. $n-1$

C. $n-k$　　　　D. 1

4\. 对于模型 $Y_i = \beta_0 + \beta_1 X_i + \mu_i$，OLS估计量 $\hat{\beta}_1$ 的性质在以下哪种情况下不会受到影响？ （　　）

A. 观测值数目n增加　　　　B. X_i 各观测值差额增加

C. X_i 各观测值基本相等　　　　D. $E(\mu_i^2) = \sigma^2$

5\. 某人通过一容量为19的样本估计消费函数（用模型 $C_i = \alpha + \beta Y_i + \mu_i$ 表示），并获得下列结果：$\hat{C}_i = 15 + 0.81 Y_i$，$R^2 = 0.98$，$t_{0.025}(17) = 2.110$，则下面哪个结论是对的？

t（3.1）（1.87） （　　）

A. Y在5%显著性水平下不显著　　　　B. β 的估计量的标准差为0.072

C. β 的95%置信区间不包括0　　　　D. 以上都不对

6\. 在一元线性回归模型中，样本回归方程可表示为 （　　）

A. $Y_t = \beta_0 + \beta_1 X_t + \mu_t$　　　　B. $Y_t = E(Y/X_t) + \mu_t$

C. $\hat{Y}_t = \hat{\beta}_0 + \hat{\beta}_1 X_t$　　　　D. $E(Y/X_t) = \beta_0 + \beta_1 X_t$

7\. 最小二乘准则按使（　　）达到最小的原则确定样本回归方程。 （　　）

A. $\left|\sum_{i=1}^{n} e_i\right|$　　　　B. $\sum_{i=1}^{n} |e_i|$

C. $|e_i|$　　D. $\sum_{i=1}^{n} e_i^2$

8. 设Y表示实际观测值，$\hat{Y}$表示OLS回归估计值，则下列哪项成立？（　　）

A. $\hat{Y}=Y$　　B. $\hat{Y}=\bar{Y}$

C. $\bar{\hat{Y}}=\bar{Y}$　　D. $\bar{\hat{Y}}=Y$

9. 极大似然准则按从模型中得到既得的n组样本观测值的（　　）最大的准则确定样本回归方程。（　　）

A. 离差平方和　　B. 均值

C. 概率　　D. 方差

10. 一元线性回归模型$Y_i=\beta_0+\beta_1 X_i+\mu_i$的最小二乘回归结果显示，残差平方和RSS=40.32，样本容量n=25，则回归模型的标准差σ估计值为（　　）

A. 1.270　　B. 1.324

C. 1.613　　D. 1.753

11. 参数β_i的估计量$\hat{\beta}_i$具备有效性是指（　　）

A. $\mathrm{Var}(\hat{\beta}_i)=0$　　B. β_i的所有线性无偏估计中$\mathrm{Var}(\hat{\beta}_i)$最小

C. $\hat{\beta}_i-\beta_i=0$　　D. β_i的所有线性无偏估计中$(\hat{\beta}_i-\beta_i)$最小

12. 反映模型中由解释变量解释的那部分离差大小的是（　　）

A. 总离差平方和　　B. 回归平方和

C. 残差平方和　　D. 可决系数

13. 总离差平方和TSS、残差平方和RSS与回归平方和ESS三者的关系是（　　）

A. TSS>RSS+ESS　　B. TSS=RSS+ESS

C. TSS<RSS+ESS　　D. $TSS^2=RSS^2+ESS^2$

14. 对于回归模型$Y_i=\beta_0+\beta_1 X_i+\mu_i$，$i=1, 2, \cdots, n$，检验$H_0$：$\beta_1=0$时，所用的统计量$\dfrac{\hat{\beta}_1}{\widehat{\mathrm{BE}}(\hat{\beta}_1)}$服从（　　）

A. $\chi^2(n-2)$　　B. $t(n-1)$

C. $\chi^2(n-1)$　　D. $t(n-2)$

15. 某一特定的X水平上，总体Y分布的离散程度越大，即σ^2越大，则（　　）

A. 预测区间越宽，精度越低　　B. 预测区间越宽，误差越小

C. 预测区间越窄，精度越高　　D. 预测区间越窄，误差越大

16. 以下模型中不属于线性回归模型的是（　　）

A. $Y=\beta_0+\beta_1\ln X+\mu$　　B. $Y=\beta_0+\beta_1 X+\beta_2 Z+\mu$

C. $Y=\beta_0+X^{\beta_1}+\mu$　　D. $Y=\beta_0+\dfrac{\beta_1}{X}+\mu$

17. 在总体回归函数和样本回归函数中，回归系数（　　）

A. 都是常数　　B. 样本回归函数的回归系数是常数

C. 都不是常数　　D. 总体回归函数的回归系数是常数

18. 对于线性回归模型 $Y_i=\beta_1+\beta_2X_i+\mu_i$，要使普通最小二乘估计量具备无偏性，则模型必须满足 （ ）

A. $E(\mu_i)=0$ B. $\mathrm{Var}(\mu_i)=\sigma^2$

C. $\mathrm{Cov}(\mu_i, \mu_j)=0$ D. μ_i 服从正态分布

19. 一元线性回归方程的R^2为0.81，解释变量与被解释变量间的线性相关系数为 （ ）

A. 0.81 B. 0.90

C. 0.66 D. 0.32

20. 回归方程的可决系数值越大，则越接近于回归线的是 （ ）

A. Y的总体平均值 B. Y的样本观测值

C. Y的预测值 D. Y的估计值

21. 对估计的回归方程 $\hat{Y}_i=\hat{\alpha}+\hat{\beta}X_i$ 进行假设检验，H_0：$\beta=0$，H_1：$\beta\neq0$。若在给定的显著性水平下不能拒绝原假设H_0，则可认为X与Y之间 （ ）

A. 不存在任何相关关系 B. 存在高度的线性相关

C. 存在因果关系 D. 不存在显著的线性相关

22. 对于线性回归模型 $Y_i=\beta_0+\beta_1X_i+\mu_i$，取 $\alpha=5\%$ 时，如果检验结论为不拒绝 H_0：$\beta_1=0$，则必然有 （ ）

A. $\hat{\beta}_1$的P值大于$\alpha=5\%$ B. $\hat{\beta}_1$的P值小于$\alpha=5\%$

C. $\hat{\beta}_1$的P值等于$\alpha=5\%$ D. $\hat{\beta}_1$的P值与$\alpha=5\%$没有关系

23. 用Y对X回归，参数估计结果为

$$\hat{Y}_i=5.73-0.314X_i$$
$$t\ (9.46)\ (-6.515)$$

则斜率系数估计值−0.314的标准误差 $\mathrm{Se}(\hat{\beta}_1)$ 为 （ ）

A. 0.879 5 B. 0.605 7

C. 0.048 2 D. 0.033 2

24. 对于 $Y_i=\hat{\beta}_0+\hat{\beta}_1X_i+e_i$，以 $\hat{Y}_i$ 表示普通最小二乘回归值，$\hat{\sigma}$ 表示随机误差项的标准差的估计，则 （ ）

A. 只有 $\hat{\sigma}=0$ 时，$\sum(Y_i-\hat{Y}_i)=0$ B. 只有 $\hat{\sigma}=0$ 时，$\sum(Y_i-\hat{Y}_i)^2=0$

C. 只有 $\hat{\sigma}=0$ 时，$\sum(Y_i-\hat{Y}_i)$最小 D. 只有 $\hat{\sigma}=0$ 时，$\sum(Y_i-\hat{Y}_i)^2$ 最小

25. 设样本回归模型为 $Y_i=\hat{\beta}_0+\hat{\beta}_1X_i+e_i$，则普通最小二乘法确定的 $\hat{\beta}_1$ 的公式中，错误的是 （ ）

A. $\hat{\beta}_1=\dfrac{\sum(X_i-\bar{X})(Y_i-\bar{Y})}{\sum(X_i-\bar{X})^2}$ B. $\hat{\beta}_1=\dfrac{n\sum X_iY_i-\sum X_i\sum Y_i}{n\sum X_i^2-\left(\sum X_i\right)^2}$

C. $\hat{\beta}_1=\dfrac{\sum X_iY_i-n\bar{X}\bar{Y}}{\sum X_i^2-n\bar{X}^2}$ D. $\hat{\beta}_1=\dfrac{n\sum X_iY_i-\sum X_i\sum Y_i}{\sigma^2}$

26. 对于 $Y_i=\hat{\beta}_0+\hat{\beta}_1X_i+e_i$，以 $\hat{\sigma}$ 表示随机误差项的标准差的估计，r表示X、Y的相关系数，则有（　　）

A. $\hat{\sigma}=0$ 时，$r=1$　　B. $\hat{\sigma}=0$ 时，$r=-1$

C. $\hat{\sigma}=0$ 时，$r=0$　　D. $\hat{\sigma}=0$ 时，$r=1$或-1

27. 在总体回归函数 $E(Y/X_i)=\beta_0+\beta_1X_i$ 中，β_1 表示（　　）

A. 当X增加一单位时，Y增加 β_1 单位

B. 当X增加一单位时，Y平均增加 β_1 单位

C. 当Y增加一单位时，X增加 β_1 单位

D. 当Y增加一单位时，X平均增加 β_1 单位

28. 以Y表示实际观测值，$\hat{Y}$ 表示OLS估计值，则用OLS得到的样本回归直线 $\hat{Y}_i=\hat{\beta}_0+\hat{\beta}_1X_i$ 满足（　　）

A. $\sum(Y_i-\hat{Y}_i)=0$　　B. $\sum(Y_i-\bar{Y})^2=0$

C. $\sum(Y_i-\hat{Y}_i)^2=0$　　D. $\sum(Y_i-\bar{Y})\neq 0$

29. 对于相同的数据，被解释变量总体均值的预测区间长度将会（　　）被解释变量个别值的预测区间长度。（　　）

A. 大于　　B. 小于

C. 等于　　D. 大于或小于

30. 根据样本资料已估计得出人均消费支出Y对人均收入X的回归模型为 $\ln Y_i=2+0.75\ln X_i$，这表明人均收入每增加1%，人均消费支出将增加（　　）

A. 2%　　B. 0.2%

C. 0.75%　　D. 7.5%

二、多选题

1. 一元线性回归模型 $Y_i=\beta_0+\beta_1X_i+\mu_i$ 的基本假定包括（　　）

A. $E(\mu_i)=0$　　B. $\mathrm{Var}(\mu_i)=\sigma^2$

C. $\mathrm{Cov}(\mu_i,\mu_j)=0(i\neq j)$　　D. $\mu_i\sim N(0,1)$

2. Y为实际观测值，$\hat{Y}$ 为回归估计值，e为残差，则回归直线满足（　　）

A. 通过样本均值点$(\bar{X},\ \bar{Y})$　　B. $\sum(Y_i-\hat{Y}_i)^2=0$

C. $\mathrm{Cov}(X_i,\ e_i)=0$　　D. $\sum Y_i=\sum\hat{Y}_i$

3. 以带“ˆ”的变量表示估计值，μ 表示随机干扰项，如果Y与X为线性关系，则下列哪些是正确的（　　）

A. $Y_i=\beta_0+\beta_1X_i$　　B. $Y_i=\beta_0+\beta_1X_i+\mu_i$

C. $Y_i=\hat{\beta}_0+\hat{\beta}_1X_i+\mu_i$　　D. $Y_i=\hat{\beta}_0+\hat{\beta}_1X_i+e_i$

4. 假设线性回归模型满足全部基本假设，最小二乘回归得到的参数估计量具备 （　　）

A. 可靠性　　B. 一致性

C. 线性性　　D. 无偏性

5. 下列相关系数算式中，正确的是 （　　）

A. $\dfrac{\overline{XY}-\bar{X}\cdot\bar{Y}}{\sigma_x\sigma_y}$　　B. $\dfrac{\sum\left(X_i-\bar{X}\right)\left(Y_i-\bar{Y}\right)}{n\sigma_x\sigma_y}$

C. $\dfrac{\sum X_iY_i-n\bar{X}\cdot\bar{Y}}{\sqrt{\sum X_i^2-n\bar{X}^2}\sqrt{\sum Y_i^2-n\bar{Y}^2}}$　　D. $\dfrac{\sum(X_i-\bar{X})(Y_i-\bar{Y})}{\sqrt{\sum(X_i-\bar{X})^2}\sqrt{\sum(Y_i-\bar{Y})^2}}$

6. 被解释变量Y的个别值的预测区间具有的特点是 （　　）

A. 预测区间随X_F的变化而变化

B. 预测区间的上、下限与样本容量有关

C. 预测区间的宽度只决定于随机扰动μ_i的方差

D. 预测区间不仅受抽样波动的影响，还受随机扰动项的影响

7. 下列因素中与回归预测误差有关的是 （　　）

A. 样本容量　　B. 解释变量样本平均值

C. 随机扰动项的方差　　D. 被解释变量样本平均值

8. 以Y表示实际观测值，$\hat{Y}$表示OLS估计回归值，e表示残差，则回归直线满足（　　）

A. $\sum\left(Y_i-\bar{Y}\right)=0$　　B. $\sum\hat{Y}_ie_i=0$

C. $\sum\left(Y_i-\hat{Y}_i\right)=0$　　D. $\sum\left(\hat{Y}_i-\bar{Y}\right)=0$

9. 如果Y与X之间存在线性因果关系（e_i表示回归残差），下列方程不正确的是（　　）

A. $E\left(Y/X_i\right)=\beta_0+\beta_1X_i$　　B. $Y_i=\hat{\beta}_0+\hat{\beta}_1X_i$

C. $Y_i=\beta_0+\beta_1X_i+e_i$　　D. $\hat{Y}_i=\hat{\beta}_0+\hat{\beta}_1X_i+e_i$

10. 对于样本回归直线$\hat{Y}_i=\hat{\beta}_0+\hat{\beta}_1X_i$，回归平方和可以表示为 （　　）

A. $\sum\left(Y_i-\bar{Y}\right)^2-\sum\left(Y_i-\hat{Y}_i\right)^2$　　B. $\hat{\beta}_1^2\sum\left(X_i-\bar{X}\right)^2$

C. $R^2\sum\left(Y_i-\bar{Y}\right)^2$　　D. $\sum\left(\hat{Y}_i-\bar{Y}\right)^2$

11. 对于样本回归线$\hat{Y}_i=\hat{\beta}_0+\hat{\beta}_1X_i$，下列决定系数的算式正确的有 （　　）

A. $\dfrac{\sum(\hat{Y}_i-\bar{Y})^2}{\sum(Y_i-\bar{Y})^2}$　　B. $1-\dfrac{\sum(Y_i-\hat{Y}_i)^2}{\sum(Y_i-\bar{Y})^2}$

C. $\dfrac{\hat{\beta}_1^2\sum(X_i-\bar{X})^2}{\sum(Y_i-\bar{Y})^2}$　　D. $\dfrac{\hat{\beta}_1\sum(X_i-\bar{X})(Y_i-\bar{Y})}{\sum(Y_i-\bar{Y})^2}$

三、判断题

1. 在满足基本假设的条件下，随机误差项μ_i服从正态分布，但被解释变量Y不一定

服从正态分布。（　）

2. 总体回归函数给出了对应于每一个自变量的取值的因变量的值。（　）

3. 解释变量是作为原因的变量，被解释变量是作为结果的变量。（　）

4. 随机变量的条件均值与非条件均值是一回事。（　）

5. 线性回归模型 $Y_i = \beta_0 + \beta_1 X_i + \mu_i$ 的零均值假设可以表示为 $\frac{1}{n}\sum_{i=1}^{n}\mu_i = 0$。（　）

6. 如果观测值 X_i 近似相等，不会影响参数估计量的性质。（　）

7. 可决系数接近1的一元线性回归模型的两个变量的相关系数也可能接近于0。（　）

8. 模型结构参数的普通最小二乘估计量具有线性性、无偏性、有效性，则随机干扰项方差的普通最小二乘估计量也是无偏的。（　）

9. 回归系数的显著性检验用来检验解释变量对被解释变量有无显著解释能力。（　）

10. 在计量经济模型中，随机扰动项与回归残差项无区别。（　）

11. 线性回归模型表示因变量是自变量的线性函数。（　）

12. 运用最大似然法估计参数不需要前提条件。（　）

13. 一元回归几乎没有实际用途，因为因变量的行为不可能仅由一个解释变量决定。（　）

14. 总体回归函数中的系数是随机变量，样本回归函数中的系数是参数。（　）

15. 普通最小二乘法估计的样本回归函数满足 $\sum_{i=1}^{n}\hat{Y}_i e_i = 0$。（　）

四、简答题

1. 为什么计量经济模型的方程中必须包含随机干扰项？

2. 总体回归函数和样本回归函数之间有哪些区别与联系？

3. 为什么用可决系数R^2评价拟合优度，而不是用残差平方和作为评价标准？

4. 根据最小二乘原理估计的模型已经使拟合误差达到最小，为什么还要讨论模型的拟合优度问题？

5. 在满足古典假定条件下，一元线性回归模型的普通最小二乘估计量有哪些性质？

6. 简述最大似然法估计参数的基本思想。

7. 一元线性回归模型有哪些基本假设？违背基本假设的计量经济模型是否就不可估计？

五、案例分析题

1. 令kids表示一名妇女生育孩子的数目，educ表示该妇女接受过教育的年数。生育率对受教育年数的简单回归模型为

$$\text{kids} = \beta_0 + \beta_1 \text{educ} + \mu$$

（1）随机扰动项μ包含什么样的因素？它们可能与受教育水平相关吗？

（2）在其他条件不变下，上述简单回归分析能够揭示教育对生育率的影响吗？请解释。

2. 已知回归模型$E = \alpha + \beta N + \mu$，其中$E$为某类公司新员工的起始薪金（元），$N$为新员工受教育水平（年）。随机扰动项$\mu$的分布未知，其他所有假设都满足。

（1）从直观及经济角度解释α和β。

（2）OLS估计量$\hat{\alpha}$和$\hat{\beta}$满足线性性、无偏性及有效性吗？简单陈述理由。

（3）对参数的假设检验还能进行吗？简单陈述理由。

（4）如果新员工起始薪金的计量单位由元改为100元，估计的截距项、斜率项有无变化？

（5）若受教育水平的度量单位由年改为月，估计的截距项与斜率项有无变化？

3. 对人均存款与人均收入（单位：美元）之间的关系式$S_t = \alpha + \beta Y_t + \mu_t$使用美国36年的年度数据得到如下估计模型，括号内为标准差：

$$\hat{S}_t = 384.105 + 0.067Y_t$$

$$(151.105)\quad(0.011)$$

$$R^2=0.538,\quad \hat{\sigma} = 199.023$$

（1）β的经济解释是什么？

（2）α和β的预期符号是什么？为什么？实际的符号与你的预期一致吗？如果不一致，给出可能的原因。

（3）对于拟合优度你有什么看法？

（4）检验每一个回归系数是否都与零显著不同（在1%显著性水平下）。要求对原假设和备择假设，检验统计量及其分布和自由度，以及拒绝原假设的标准进行陈述。

4. 假定有如下的回归结果：$\hat{Y}_i = 2.6911 - 0.4795X_i$，其中，$Y$表示美国的咖啡的消费量［杯/（人·天）］，$X$表示咖啡的零售价格（美元/杯）。

试问：

（1）这是一个时间序列回归还是横截面回归？

（2）如何解释截距的意义，它有经济含义吗？如何解释斜率？

（3）能否求出真实的总体回归函数？

（4）根据需求的价格弹性定义，即弹性=斜率×（X/Y），依据上述回归结果，你能求出对咖啡需求的价格弹性吗？如果不能，计算此弹性还需要其他什么信息？

5. 若经济变量y和x之间的关系为$y_i = A(x_i - 5)^{\frac{\alpha}{2}} e^{\mu_i}$，其中$A$、$\alpha$为参数，$\mu_i$为随机误差项，问：能否用一元线性回归模型进行分析？为什么？

6. 上海市居民1981 ~ 1998年的收入和消费数据如下表所示，回归模型为 $Y_i = \beta_0 + \beta_1 X_i + \mu_i$ ，其中，被解释变量 Y_i 为人均消费，解释变量 X_i 为人均可支配收入。试用普通最小二乘法估计模型中的参数 β_0、β_1 ，并求随机误差项方差的估计值。

上海市居民1981 ~ 1998年的收入和消费数据

年份	可支配收入/元	消费/元	年份	可支配收入/元	消费/元
1981	630	580	1990	2 180	1 930
1982	650	570	1991	2 480	2 160
1983	680	610	1992	3 000	2 500
1984	830	720	1993	4 270	3 530
1985	1 070	990	1994	5 860	4 660
1986	1 290	1 170	1995	7 170	5 860
1987	1 430	1 280	1996	8 150	6 760
1988	1 720	1 640	1997	8 430	6 820
1989	1 970	1 810	1998	8 770	6 860

7. 设销售收入 X 为解释变量，销售成本 Y 为被解释变量。现已根据某百货公司某年12个月的有关资料计算出以下结果（单位：万元）：

$$\sum\left(X_t - \bar{X}\right)^2 = 425\,053.73，\quad \bar{X} = 647.88$$

$$\sum\left(Y_t - \bar{Y}\right)^2 = 262\,855.25，\quad \bar{Y} = 549.8$$

$$\sum\left(X_t - \bar{X}\right)\left(Y_t - \bar{Y}\right) = 334\,229.09$$

（1）估计简单线性回归方程，并对方程中斜率的经济意义做出解释。

（2）计算可决系数和随机误差项的标准差的OLS估计。

（3）对 β_2 进行显著水平为5%的显著性检验。

（4）假定下年1月销售收入为800万元，利用拟合的回归方程预测其销售成本，并给出置信度为95%的总体均值的预测区间。

8. 没有截距项的一元回归模型：

$$Y_i = \beta_1 X_i + \mu_i$$

称为过原点回归（regression through the origin）。试证明：

（1）如果通过通常的正规方程组

$$\sum e_i = 0$$
$$\sum e_i X_i = 0$$

可以得到β_1的两个不同的估计值：$\tilde{\beta}_1 = \bar{Y} / \bar{X}$，$\hat{\beta}_1 = \left(\sum X_i Y_i\right) / \left(\sum X_i^2\right)$。

（2）在基本假设$E(\mu_i) = 0$下，$\tilde{\beta}_1$与$\hat{\beta}_1$均为无偏估计量。

（3）拟合线$\hat{Y} = \hat{\beta}_1 X$通常不会经过均值点$(\bar{X}, \bar{Y})$，但拟合线$\tilde{Y} = \tilde{\beta}_1 X$则相反。

（4）只有$\hat{\beta}_1$是β_1的OLS估计量。

9. 由12对观测值估计得到消费函数为$\hat{C}_i = 50 + 0.6Y_i$，其中，Y为可支配收入（元），已知$\bar{Y} = 800$，$\sum\left(Y_i - \bar{Y}\right)^2 = 8\,000$，$\sum e^2 = 300$，$t_{0.025}(10) = 2.23$。试计算：

（1）当$Y_f = 1\,000$时，消费支出C的点预测值。

（2）当$Y_f = 1\,000$时，在95%的置信概率下消费支出C平均值的预测区间。

（3）当$Y_f = 1\,000$时，在95%的置信概率下消费支出C个别值的预测区间。

10. 下表给出了居民家庭每周收入X与每周消费支出Y的数据。

每周收入X/美元	每周消费支出Y/美元
80	55，60，65，70，75
100	65，70，74，80，85，88
120	79，84，90，94，98
140	80，93，95，103，108，113，115
160	102，107，110，116，118，125
180	110，115，120，130，135，140
200	120，136，140，144，145
220	135，137，140，152，157，160，162
240	137，145，155，165，175，189
260	150，152，175，178，180，185，191

要求：

（1）对每一收入水平，计算平均的消费支出$E(Y|X_i)$，即条件期望值。

（2）以收入为横轴、消费支出为纵轴作散点图。

（3）在散点图中，做出（1）中的条件均值点。

（4）你认为X与Y之间、X与Y的均值之间的关系如何?

（5）写出其总体回归函数及样本回归函数。

六、上机题

1. 下表给出了美国30所知名学校MBA学生1994年基本年薪（ASP）、GPA分数（1 ~ 4共4个等级）、GMAT分数及每年学费的数据。

学校	ASP/美元	GPA	GMAT	学费/美元
Harvard	102 630	3.4	650	23 894
Stanford	100 800	3.3	665	21 189
Columbia	100 480	3.3	640	21 400

续表

学校	ASP/美元	GPA	GMAT	学费/美元
Dartmouth	95 410	3.4	660	21 225
Wharton	89 930	3.4	650	21 050
Northwestern	84 640	3.3	640	20 634
Chicago	83 210	3.3	650	21 656
MIT	80 500	3.5	650	21 690
Virginia	74 280	3.2	643	17 839
UCLA	74 010	3.5	640	14 496
Berkeley	71 970	3.2	647	14 361
Cornell	71 970	3.2	630	20 400
NUY	70 660	3.2	630	20 276
Duke	70 490	3.3	623	21 910
Carnegie Mellon	59 890	3.2	635	20 600
North Carolina	69 880	3.2	621	10 132
Michigan	67 820	3.2	630	20 960
Texas	61 890	3.3	625	8 580
Indiana	58 520	3.2	615	14 036
Purdue	54 720	3.2	581	9 556
Case Western Reserve	57 200	3.1	591	17 600
Georgetown	69 830	3.2	619	19 584
Michigan State	41 820	3.2	590	16 057
Penn State	49 120	3.2	580	11 400
Southern Methodist	60 910	3.1	600	18 034
Tulane	44 080	3.1	600	19 550
Illinois	47 130	3.2	616	12 628
Iowa	41 620	3.2	590	9 361
Minnesota	48 250	3.2	600	12 618
Washington	44 140	3.3	617	11 436

要求：

（1）用一元回归模型分析GPA是否对ASP有影响。

（2）用合适的回归模型分析GMAT分数是否与ASP有关。

（3）每年的学费与ASP有关吗？你是如何知道的？如果两变量之间正相关，是否意味着进最高费用的商业学校是有利的？

（4）你同意高学费的商业学校意味着高质量的MBA成绩吗？为什么？

2. 下表给出了1990 ~ 1996年的CPI指数与S&P500指数。

年份	CPI	S&P500
1990	130.7	334.59
1991	136.2	376.18
1992	140.3	415.74
1993	144.5	451.41
1994	148.2	460.33
1995	152.4	541.64
1996	159.6	670.83

要求：

（1）以CPI指数为横轴、S&P500指数为纵轴作散点图。

（2）你认为CPI指数与S&P500指数之间关系如何？

（3）根据表中数据运用OLS法估计回归模型 $\mathrm{S\&P}_t = B_1 + B_2\mathrm{CPI}_t + \mu_t$，并解释你的结果；你的结果有经济意义吗？

第三章

多元线性回归模型

一、单选题

1. 在模型 $Y_t = \beta_0 + \beta_1 X_{1t} + \beta_2 X_{2t} + \beta_3 X_{3t} + \mu_t$ 的回归分析结果中，有F=462.58，其P值为0.000 000，则表明 （　　）

A. 解释变量 X_{2t} 对 Y_t 的影响不显著

B. 解释变量 X_{1t} 对 Y_t 的影响显著

C. 模型所描述的变量之间的线性关系总体上显著

D. 解释变量 X_{2t} 和 X_{1t} 对 Y_t 的影响都显著

2. 设k为回归模型中解释变量的个数，n为样本容量。则对回归模型进行总体显著性检验构造的F统计量为 （　　）

A. $F = \dfrac{\text{ESS}/k}{\text{RSS}/(n-k-1)}$　　B. $F = \dfrac{\text{ESS}/(k-1)}{\text{RSS}/(n-k)}$

C. $F = \dfrac{\text{ESS}}{\text{RSS}}$　　D. $F = 1 - \dfrac{\text{RSS}}{\text{TSS}}$

3. 已知二元线性回归模型估计的残差平方和为 $\sum e_i^2 = 800$，样本容量 $n = 23$，则随机误差项 μ_t 的方差的OLS估计值为 （　　）

A. 33.33　　B. 40.00

C. 38.09　　D. 36.36

4. 在多元回归中，调整后的决定系数 $\bar{R}^2$ 与决定系数R^2的关系为 （　　）

A. $\bar{R}^2 < R^2$　　B. $\bar{R}^2 > R^2$

C. $\bar{R}^2 = R^2$　　D. $\bar{R}^2$与R^2 的关系不能确定

5. 下面说法正确的是 （　　）

A. 时间序列数据和截面数据没有差异

B. 对回归模型进行总体显著性检验没有必要

C. 总体回归方程与样本回归方程是有区别的

D. 决定系数R^2不可以用于衡量拟合优度

6. 由可决系数R^2与F统计量的关系可知，当R^2=1时，有 （　　）

A. F=0　　B. F=−1

C. $F \to +\infty$　　D. $F \to -\infty$

7. 线性回归模型 $\boldsymbol{Y}=\boldsymbol{X\beta}+\boldsymbol{\mu}$ 的参数估计量 $\hat{\boldsymbol{\beta}}$ 是随机向量$\boldsymbol{Y}$的函数，即 $\hat{\boldsymbol{\beta}}=(\boldsymbol{X'X})^{-1}\boldsymbol{X'Y}$ 。$\hat{\boldsymbol{\beta}}$ 是　(　　)

A. 随机向量　　B. 非随机向量

C. 确定性向量　　D. 常量

8. 下面哪个表述是正确的?　(　　)

A. 线性回归模型 $Y_i=\beta_0+\beta_1X_i+\mu_i$ 的截距项若不显著应删除

B. 对模型 $Y_i=\beta_0+\beta_1X_{1i}+\beta_2X_{2i}+\mu_i$ 进行方程显著性检验（即F检验），检验的零假设是H_0：$\beta_0=\beta_1=\beta_2=0$

C. 相关系数较大意味着两个变量存在较强的因果关系

D. 当随机误差项的方差估计量等于零时，说明被解释变量与解释变量之间为函数关系

9. 对于 $Y_i=\hat{\beta}_0+\hat{\beta}_1X_{1i}+\hat{\beta}_2X_{2i}+\cdots+\hat{\beta}_kX_{ki}+e_i$，如果原模型满足线性模型的基本假设，则在零假设 $\beta_j=0$ 下，统计量 $\hat{\beta}_j/s(\hat{\beta}_j)$［其中 $s(\hat{\beta}_j)$ 是 $\hat{\beta}_j$ 的标准误差的估计］服从　(　　)

A. $t(n-k)$　　B. $t(n-k-1)$

C. $F(k-1,\ n-k)$　　D. $F(k,\ n-k-1)$

10. 下列说法中正确的是　(　　)

A. 如果模型的R^2很高，我们可以认为此模型的质量较好

B. 如果模型的R^2很低，我们可以认为此模型的质量较差

C. 如果某一参数不能通过显著性检验，我们应该剔除该解释变量

D. 如果某一参数不能通过显著性检验，我们不应该随便剔除该解释变量

11. 多元线性回归模型方程显著性的F检验的原假设为　(　　)

A. H_0：$\beta_j=0,\quad j=0,1,2,\cdots,k$　　B. H_0：$\beta_j=0,\quad j=1,2,\cdots,k$

C. H_0：$\beta_j\neq 0,\quad j=0,1,2,\cdots,k$　　D. H_0：$\beta_j\ (j=1,2,\cdots,k)$ 不全为0

12. 多元线性回归模型调整后的可决系数 $\bar{R}^2$ 与可决系数R^2之间的关系是　(　　)

A. $\bar{R}^2=1-(1-R^2)\dfrac{n-1}{n-k-1}$　　B. $\bar{R}^2\geqslant R^2$

C. $R^2>\bar{R}^2$　　D. $\bar{R}^2=1-(1-R^2)\dfrac{n-k-1}{n-1}$

13. 用n=30的样本估计包含3个解释变量的线性回归模型，计算得到的决定系数为0.85，则调整的决定系数为　(　　)

A. 0.860 3　　B. 0.838 9

C. 0.865 5　　D. 0.832 7

14. 已知三元线性回归模型估计的残差平方和为 $\sum e_t^2=800$，回归平方和为16 400，样本容量为n=44，则调整的决定系数为　(　　)

A. 0.96　　B. 0.90

C. 0.953 5　　D. 0.95

15. 已知随机误差项 μ_t 的方差估计值 $\hat{\sigma}^2$ 为20，则样本容量n=55时，无截距项的四元线性回归模型估计的残差平方和 $\sum e_t^2$ 为（　　）

A. 1 002　　B. 1 200

C. 1 000　　D. 1 020

16. 在多元线性回归模型中，若解释变量 X_j 的系数的估计结果为 $\hat{\beta}_j = 3.66$，$\hat{\beta}_j$ 的样本标准差为0.183，则对 X_j 做变量显著性检验的t统计值为（　　）

A. 20　　B. 5.16

C. 8.99　　D. 15

17. 假定正确回归模型为 $Y_i = \beta_0 + \beta_1 X_{1i} + \beta_2 X_{2i} + \mu_i$，若是模型中遗漏了解释变量$X_2$，则必然有（　　）

A. β_1将无法估计　　B. 可决系数将提高

C. 对β_1的估计将更精确　　D. 可决系数将降低

18. 在模型 $Y_t = \beta_1 + \beta_2 X_{2t} + \beta_3 X_{3t} + \mu_t$ 的回归分析结果中，设F统计量对应的P值为P_F，给定显著性水平 $\alpha = 1\%$，则下列说法正确的是（　　）

A. 若 $P_F < 1\%$，解释变量 X_{2t} 对 Y_t 的影响是显著的

B. 若 $P_F < 1\%$，解释变量 X_{2t} 和 X_{3t} 对 Y_t 的联合影响是不显著的

C. 若 $P_F < 1\%$，解释变量 X_{2t} 和 X_{3t} 对 Y_t 的联合影响是显著的

D. 若 $P_F < 1\%$，则解释变量 X_{3t} 对 Y_t 的影响不显著

19. 某模型估计结果如下：

$$\hat{Y}_t = 47.94 + 0.84X_t + 0.12Z_t$$

$$t\ (-2.652)\ (4.70)\quad (3.23)$$

$$R^2 = 0.89,\ n = 23$$

则该模型的F统计值为（　　）

A. 80.91　　B. 82.78

C. 100.02　　D. 68.56

20. 在一元回归中，F检验与t检验的等价关系是（　　）

A. $F=t$　　B. $F=t^2$

C. $F^2=t$　　D. $F=|t|$

21. 在二元线性回归模型 $Y_i = \beta_0 + \beta_1 X_{1i} + \beta_2 X_{2i} + \mu_i$ 中，β_1表示（　　）

A. 当X_2不变时，X_1每变动一单位Y的平均变动

B. 当X_1不变时，X_2每变动一单位Y的平均变动

C. 当X_1和X_2都不变时，Y的平均变动

D. 当X_1和X_2都变动一单位时，Y的平均变动

22. 下列关于OLS法和ML法的说法错误的是（　　）

A. 都能得到线性回归模型结构参数的估计结果 $\hat{\boldsymbol{\beta}} = (\boldsymbol{X}'\boldsymbol{X})^{-1}\boldsymbol{X}'\boldsymbol{Y}$

B. 都能得到线性回归模型随机误差项方差的无偏估计 $\sum e_i^2 / (n-k-1)$

C. 都遵循一个原则——使参数估计结果尽可能接近参数真值

D. 两种方法估计参数的思路存在较大差异

23. 用一组有30个观测值的样本估计模型 $Y_i=\beta_0+\beta_1X_{1i}+\beta_2X_{2i}+\mu_i$ 后，在5%的显著性水平下对 β_1 做t检验，则当 β_1 显著不等于0时，其统计量 $|t|\geqslant$ （　　）

A. $t_{0.05}(30)$　　B. $t_{0.025}(28)$

C. $t_{0.025}(27)$　　D. $t_{0.05}(28)$

24. 在多元线性回归模型中，判定系数与解释变量个数的关系是 （　　）

A. 解释变量个数由判定系数的大小决定

B. 判定系数随解释变量个数的增多先增大后减小

C. 判定系数随解释变量个数的增多而增大

D. 判定系数随解释变量个数的增多而减小

二、多选题

1. 残差平方和是指 （　　）

A. 随机因素影响所引起的被解释变量的变化

B. 解释变量变化所引起的被解释变量的变化

C. 被解释变量的变化中，回归方程不能做出解释的部分

D. 被解释变量的总离差平方和与回归平方和之差

2. 回归平方和是指 （　　）

A. 被解释变量的观测值 Y_i 与其均值 $\bar{Y}$ 的离差平方和

B. 被解释变量的回归值 $\hat{Y}_i$ 与其均值 $\bar{Y}$ 的离差平方和

C. 被解释变量的总体平方和 $\sum y_i^2$ 与残差平方和 $\sum e_i^2$ 之差

D. 解释变量变动所引起的被解释变量的变动的大小

3. 对满足所有假定条件的模型 $Y_i=\beta_0+\beta_1X_{1i}+\beta_2X_{2i}+\mu_i$ 进行方程显著性检验，如果检验结果显著，则很可能出现 （　　）

A. $\beta_1=\beta_2=0$　　B. $\beta_1\neq0,\ \beta_2=0$

C. $\beta_1\neq0,\ \beta_2\neq0$　　D. $\beta_1=0,\ \beta_2\neq0$

4. 设k为回归模型中的解释变量的个数，则总体显著性检验所用F统计量可以表示为 （　　）

A. $\dfrac{\sum\left(\hat{Y}_i-\bar{Y}_i\right)^2/(n-k-1)}{\sum e_i^2/k}$　　B. $\dfrac{\sum\left(\hat{Y}_i-\bar{Y}_i\right)^2/k}{\sum e_i^2/(n-k-1)}$

C. $\dfrac{R^2/k}{(1-R^2)/(n-k-1)}$　　D. $\dfrac{(1-R^2)/(n-k-1)}{R^2/k}$

5. 在多元回归分析中，调整的可决系数 $\bar{R}^2$ 与可决系数R^2之间 （　　）

A. $\bar{R}^2<R^2$　　B. $\bar{R}^2\geqslant R^2$

C. $\bar{R}^2$ 只可能大于零　　D. $\bar{R}^2$ 可能为负值

6. 对模型 $Y_i=\beta_1+\beta_2X_{2i}+\beta_3X_{3i}+\mu_i$ 进行总体显著性检验，如果检验结果表明总体线

性关系显著，则有　　(　　)

A. $R^2 > \bar{R}^2 \geqslant 0.90$

B. $F > F_\alpha(2, n-3)$

C. F 检验对应的P值小于给定的显著性水平α

D. β_2、β_3 不全为0

7. 对于回归模型 $Y_i = \hat{\beta}_0 + \hat{\beta}_2 X_{2i} + \hat{\beta}_3 X_{3i} + e_i$，下列各式成立的有　　(　　)

A. $\sum e_i = 0$　　B. $\sum e_i X_{2i} = 0$

C. $\sum e_i X_{3i} = 0$　　D. $\sum e_i Y_i = 0$

8. 对多元线性回归模型进行方程显著性检验的F统计量、决定系数R^2、调整的决定系数 $\bar{R}^2$ 的关系是　　(　　)

A. $F \to 1$，$\bar{R}^2 \to 1$　　B. $F \to 0$，R^2、$\bar{R}^2 \to 0$

C. $F \to +\infty$，R^2、$\bar{R}^2 \to 1$　　D. $F \to 0$，$R^2 \to 1$

9. 下列关于显著性检验的说法，正确的有　　(　　)

A. 变量显著性检验的t统计量的自由度是$n-2$，临界值是$t_{\frac{\alpha}{2}}(n-2)$

B. 变量显著性检验的t统计量的自由度是$n-k-1$，临界值是$t_{\frac{\alpha}{2}}(n-k-1)$

C. 方程显著性检验的F统计量的自由度是k和$n-k-1$，临界值是$F_\alpha(k, n-k-1)$

D. 方程显著性检验的F统计量的自由度是$n-k-1$和k，临界值是$F_\alpha(n-k-1, k)$

10. 下列关于被解释变量的预测置信区间的描述正确的是　　(　　)

A. 预测置信区间的宽度与样本容量的大小无关

B. 总体均值和个别值的预测置信区间都以总体均值的点预测为中心

C. 总体均值的预测置信区间比个别值的预测置信区间窄

D. 总体均值和个别值的预测置信区间都在样本均值点处最窄

11. 有关调整后的判定系数 $\bar{R}^2$ 与判定系数R^2之间的关系叙述正确的有　　(　　)

A. $\bar{R}^2$ 与R^2均非负

B. 模型中包含的解释变量个数越多，$\bar{R}^2$ 与R^2就相差越大

C. 只要模型中包括截距项在内的参数的个数大于1，则 $\bar{R}^2 < R^2$

D. $\bar{R}^2$ 有可能大于R^2

三、判断题

1. 满足基本假设条件下，样本容量略大于解释变量个数时，可以得到各参数的唯一确定的估计值，但参数估计结果的可靠性得不到保证。　　(　　)

2. 在多元线性回归模型中，t检验和F 检验缺一不可。　　(　　)

3. 回归方程总体显著性检验的原假设是所有回归参数同时为零。　　(　　)

4. 多元线性回归模型中，可决系数R^2是评价模型拟合优度的最佳标准。　　(　　)

5. 多元线性回归模型中的偏回归系数，表示在其他解释变量保持不变的情况下，对应解释变量每变化一单位时，被解释变量的变动。　　(　　)

6. 能进行参数估计的最小样本容量要求是$n \geqslant k+1$。（　　）

7. 简单线性回归模型与多元线性回归的基本假定是相同的。（　　）

8. 解释变量之间不相关的假设是为了保证参数估计得到唯一解。（　　）

9. 给定显著性水平下，若某一解释变量对被解释变量的影响显著，则这一解释变量的参数的置信区间包括0。（　　）

10. 在一元线性回归模型中，方程显著性检验与变量显著性检验是一致的。（　　）

11. 多元线性回归模型统计显著是指模型中每个变量都统计显著。（　　）

12. 判定系数R^2的大小不受回归模型中所包含的解释变量个数的影响。（　　）

13. 判定系数R^2大的回归模型对数据的拟合效果一定好于R^2小的回归模型。（　　）

14. 可决系数R^2高的回归方程一定比可决系数R^2低的回归方程更能说明解释变量对被解释变量的解释能力。（　　）

四、简答题

1. 多元线性回归模型与一元线性回归模型有哪些区别？

2. 最优线性无偏是满足什么性质的估计量？多元线性回归最小二乘估计的正规方程组，能解出唯一解的条件是什么？

3. 求二元线性回归模型

$$Y_i = \beta_2 X_{2i} + \beta_3 X_{3i} + \mu_i$$

的参数的最小二乘估计量，该模型的残差和是否一定为零？

4. 在多元线性回归模型中，为什么需要对可决系数做出修正？

5. 在建立多元线性回归模型时，如何确定该引入多少个解释变量？

6. 为什么要对多元线性回归模型增加无多重共线性假定？

五、案例分析题

1. 某地区通过一个样本容量为722的调查数据得到劳动力受教育年数的一个回归方程为

$$\text{edu}_i = 10.36 - 0.094\text{sibs}_i + 0.131\text{medu}_i + 0.210\text{fedu}_i，R^2 = 0.214$$

其中，edu为劳动力受教育年数；sibs为劳动力家庭中兄弟姐妹的个数；medu与fedu分别为母亲与父亲的受教育年数。问：

（1）sibs是否具有预期的影响？为什么？若medu与fedu保持不变，为了使预测的受教育年数减少一年，sibs需要增加多少？

（2）请对medu的系数给予适当的解释。

（3）如果两个劳动力都没有兄弟姐妹，但其中一个的父母的受教育年数均为12年，另一个的父母的受教育年数均为16年，则两人的受教育年数预期相差多少年？

2. 考虑以下方程（括号内为标准差）：

$$\hat{W}_t = 8.562 + 0.364P_t + 0.004P_{t-1} - 2.560U_t$$
$$(0.080)\quad(0.072)\quad(0.658)$$
$$n = 19,\ R^2 = 0.873$$

其中，W_t为t年的雇员的工资；P_t为t年的物价水平；U_t为t年的失业率。

要求：

（1）在5%显著性水平下进行变量显著性检验。

（2）对模型的正确性进行讨论，P_{t-1}是否应从方程中删除？为什么？

3. 以企业研发（R&D）支出占销售额的比重（单位：%）为被解释变量（Y），以企业销售额（X_1）与利润占销售额的比重（X_2）为解释变量，一个容量为32的样本企业的估计结果如下：

$$Y_i = 0.472 + 0.32\ln X_{1i} + 0.05X_{2i}$$
$$(1.37)\ (0.22)\qquad(0.046)$$
$$R^2 = 0.099$$

其中，括号中的数据为参数估计量的标准差。

（1）解释$\ln X_{1i}$的参数。如果X_1增长10%，估计Y会如何变化？

（2）检验研发（R&D）支出R&D强度不随销售额的变化而变化的假设。分别在5%

和10%的显著性水平下进行这个检验。

（3）X_2对Y是否在统计上有显著的影响？

4. 假设你以校园内食堂每天卖出的盒饭数量作为被解释变量，以校园内食堂盒饭价格、气温、附近餐厅的盒饭价格、学校当日的学生数量（单位：1 000人）作为解释变量，进行回归分析。假设你看到如下回归结果（括号内为标准差），但你不知道各解释变量分别代表什么。

$$\hat{Y}_i = 10.6 + 28.4X_{1i} + 12.7X_{2i} + 0.61X_{3i} - 5.9X_{4i}$$

$$(2.6) \qquad (6.3) \qquad (0.61) \qquad (5.9)$$

$$\overline{R}^2 = 0.63, \ n = 35$$

试判定各解释变量分别代表什么，并说明理由。

5. 一个二元线性模型的回归结果如下。

平方和		自由度（df）
回归平方和（ESS）	65 965	
残差平方和（RSS）		
总平方和（TSS）	66 042	14

求：

（1）样本容量是多少？RSS是多少？ESS的自由度、RSS的自由度分别是多少？

（2）R^2和$\overline{R}^2$分别是多少？

（3）若要检验解释变量总体上对Y有无影响，你用什么假设检验？为什么？

（4）根据以上信息，你能否确定解释变量各自对Y的贡献？

6. 假设要求你建立一个计量经济模型来说明在学校跑道上慢跑一英里（1英里=1.609 344千米）或一英里以上的人数，以便决定是否修建第二条跑道以满足所有的锻炼者。你通过整个学年收集数据，得到两个可能的解释方程。

方程A：$\hat{Y}_i = 125.0 - 15.0X_{1i} - 1.0X_{2i} + 1.5X_{3i}$，$\overline{R}^2 = 0.75$。

方程B：$\hat{Y}_i = 123.0 - 14.0X_{1i} + 5.5X_{2i} - 3.7X_{4i}$，$\overline{R}^2 = 0.73$。

其中，Y_i 为第i天慢跑者的人数；X_{1i} 为第i天降雨的英寸（1英寸=2.54厘米）数；X_{2i} 为第i天日照的小时数；X_{3i} 为第i天的最高温度（按华氏温度）；X_{4i} 为第i天的后一天需交学期论文的班级数。

请回答下列问题：

（1）这两个方程你认为哪个更合理些，为什么？

（2）为什么用相同的数据去估计模型，相同变量的系数会得到不同的符号呢？

7. 考虑以下预测的回归方程：

$$\hat{Y}_t = -120 + 0.10F_t + 5.33\text{RS}_t,\ \overline{R}^2 = 0.50$$

其中，Y_t 为第t年的玉米产量（千克/亩[①]）；F_t为第t 年的施肥强度（千克/亩）；RS_t为第t 年的降雨量（毫米）。要求：

（1）解释系数0.10和5.33的含义。

（2）常数项−120是否意味着玉米的负产量可能存在？

（3）假定 β_F 的真实值为0.40，则 β_F 的估计量是否有偏？为什么？

（4）假定该方程并不满足所有的古典模型假设，即参数估计并不是最佳线性无偏估计，则是否意味着 β_{RS} 的真实值绝对不等于5.33？为什么？

8. 已知描述某经济问题的线性回归模型为 $Y_i = \beta_0 + \beta_1 X_{1i} + \beta_2 X_{2i} + \mu_i$，并已根据样本容量为32的观察数据计算得

$$(\boldsymbol{X'X})^{-1} = \begin{bmatrix} 2.5 & -1.3 & -2.2 \\ -1.3 & 4.4 & -0.8 \\ -2.2 & -0.8 & 5.0 \end{bmatrix},\quad \boldsymbol{X'Y} = \begin{bmatrix} 4 \\ 2 \\ 2 \end{bmatrix},\quad \boldsymbol{e'e} = 5.5,\ \text{TSS}=26$$

① 1 亩约为 0.066 7 公顷。

查表得 $F_{0.05}(2,29)=3.33$，$t_{0.005}(29)=2.756$。

（1）求模型中三个参数的最小二乘估计值。

（2）进行模型的显著性水平为5%的方程显著性检验。

（3）求模型参数 β_2 的置信度为99%的置信区间。

9. 考虑下列两个模型：

$$\text{I}.\ Y_i=\beta_1+\beta_2X_{2i}+\beta_3X_{3i}+\mu_i$$

$$\text{II}.\ (Y_i-X_{2i})=\alpha_1+\alpha_2X_{2i}+\alpha_3X_{3i}+\mu_i'$$

（1）证明：$\hat{\alpha}_2=\hat{\beta}_2-1$，$\hat{\alpha}_1=\hat{\beta}_1$，$\hat{\alpha}_3=\hat{\beta}_3$。

（2）证明：残差的最小二乘估计量相同，即 $\hat{\mu}_i=\hat{\mu}_i'$。

（3）在何种情况下，模型Ⅱ的拟合优度 R_2^2 会小于模型Ⅰ的拟合优度 R_1^2？

六、上机题

1. 经研究发现，学生购买书籍支出与本人受教育年限及其家庭可支配收入有关，对18名学生进行调查的统计资料如下表所示。

序号	购买书籍支出Y/（元/年）	受教育年限X_1/年	家庭可支配收入X_2/（元/月）
1	450.5	4	171.2
2	507.7	4	174.2
3	613.9	5	204.3
4	563.4	4	218.7
5	501.5	4	219.4
6	781.5	7	240.4
7	541.8	4	273.5
8	611.1	5	294.8
9	1 222.1	10	330.2
10	793.2	7	333.1
11	660.8	5	366.0
12	792.7	6	350.9
13	580.8	4	357.9
14	612.7	5	359.0
15	890.8	7	371.9
16	1 121.0	9	435.3
17	1 094.2	8	523.9
18	1 253.0	10	604.1

要求：

（1）试求学生购买书籍支出Y与受教育年限X_1及其家庭可支配收入X_2的回归方程$\hat{Y}=\hat{\beta}_0+\hat{\beta}_1X_1+\hat{\beta}_2X_2$。

（2）对X_1、X_2的显著性进行t检验；对模型的拟合优度进行检验。

（3）假设有一学生的受教育年限X_1=10年，家庭可支配收入X_2=480元/月，试预测该学生全年购买书籍支出，并求出相应的预测区间(α=5%)。

2. 下表列出了某地区家庭人均鸡肉年消费量Y与家庭月平均收入X、鸡肉价格P_1、猪肉价格P_2和牛肉价格P_3的相关数据。

年份	家庭人均鸡肉年消费量 Y/千克	家庭月平均收入 X/元	鸡肉价格P_1/（元/千克）	猪肉价格P_2/（元/千克）	牛肉价格P_3/（元/千克）
1980	2.78	397	4.22	5.07	7.83
1981	2.99	413	3.81	5.20	7.92
1982	2.98	439	4.03	5.40	7.92
1983	3.08	459	3.95	5.53	7.92
1984	3.12	492	3.73	5.47	7.74
1985	3.33	528	3.81	6.37	8.02
1986	3.56	560	3.93	6.98	8.04
1987	3.64	624	3.78	6.59	8.39
1988	3.67	666	3.84	6.45	8.55
1989	3.84	717	4.01	7.00	9.37
1990	4.04	768	3.86	7.32	10.61
1991	4.03	843	3.98	6.78	10.48
1992	4.18	911	3.97	7.91	11.40
1993	4.04	931	5.21	9.54	12.41
1994	4.07	1 021	4.89	9.42	12.76
1995	4.01	1 165	5.83	12.35	14.29
1996	4.27	1 349	5.79	12.99	14.36
1997	4.41	1 449	5.67	11.76	13.92
1998	4.67	1 575	6.37	13.09	16.55
1999	5.06	1 759	6.16	12.98	20.33
2000	5.01	1 994	5.89	12.80	21.96
2001	5.17	2 258	6.64	14.10	22.16
2002	5.29	2 478	7.04	16.82	23.26

（1）估计该地区关于家庭鸡肉消费需求的如下模型：

$$\ln Y=\beta_0+\beta_1\ln X+\beta_2\ln P_1+\beta_3\ln P_2+\beta_4\ln P_3+\mu$$

（2）请分析，鸡肉的家庭消费需求是否受猪肉及牛肉价格的影响？

第四章

随机解释变量问题

一、单选题

1. 如果模型包含随机解释变量，且与随机干扰项异期相关，而与同期无关，则普通最小二乘估计量是（　　）

A. 无偏估计量　　B. 有效估计量

C. 一致估计量　　D. 最佳线性无偏估计量

2. 假设回归模型 $Y_i=\beta_0+\beta_1X_i+\mu_i$，其中 X_i 为随机变量，X_i 与 μ_i 相关，则 β_1 的普通最小二乘估计量（　　）

A. 无偏且一致　　B. 无偏但不一致

C. 有偏但一致　　D. 有偏且不一致

3. 随机解释变量问题分为三种情况，下列哪一种不是?（　　）

A. 随机解释变量与随机干扰项相互独立

B. 随机解释变量与随机干扰项同期不相关，异期相关

C. 随机解释变量与随机干扰项同期相关

D. 随机解释变量与随机干扰项高度相关

4. 当解释变量中包含滞后被解释变量时，下面哪一种情况不可能出现?（　　）

A. 参数估计量无偏　　B. 参数估计量渐进无偏

C. 参数估计量有偏　　D. 随机误差项服从正态分布

5. 在工具变量的选取中，下面哪一个条件不是必须的?（　　）

A. 与所替代的随机解释变量高度相关

B. 与随机干扰项不相关

C. 与模型中的其他解释变量不相关

D. 与被解释变量存在因果关系

6. 滞后被解释变量作为解释变量，下列说法错误的是（　　）

A. 与随机误差项相关　　B. 与被解释变量相关

C. 模型可能存在序列相关　　D. 不存在随机解释变量

7. 在计量模型中，被认为具有一定概率分布的随机变量的是（　　）

A. 内生变量　　B. 外生变量

C. 虚拟变量　　D. 解释变量

8. 某企业的生产决策是由模型 $S_t = \beta_0 + \beta_1 P_t + \beta_2 S_{t-1} + \mu_t$ 描述的（其中S为产量，P为价格），可以肯定模型存在（　　）

A. 异方差　　B. 序列相关

C. 多重共线性　　D. 随机解释变量

9. 对于合理预期的消费函数模型，参数估计应采用（　　）

A. 普通最小二乘法　　B. 极大似然法

C. 间接最小二乘法　　D. 工具变量法

10. 耐用品存量调整模型的随机解释变量与随机误差项（　　）

A. 同期相关　　B. 不相关

C. 同期相关，异期不相关　　D. 同期不相关，异期相关

二、多选题

1. 为缓解解释变量 Y_{t-1} 与随机扰动项相关带来的估计偏倚，可采用工具变量法，工具变量应满足的条件有（　　）

A. 与 Y_{t-1} 高度相关

B. 与随机扰动项不相关

C. 只能选用 $\hat{Y}_{t-1}$ 作工具变量

D. 与其他解释变量不相关，以免出现多重共线性

2. 存在随机解释变量的情形包括（　　）

A. 滞后被解释变量作解释变量

B. 滞后解释变量作解释变量

C. 与被解释变量存在双向因果关系的变量作解释变量

D. 与随机误差项相关的变量作解释变量

3. 下列关于一元线性回归模型随机解释变量影响的说法正确的是（　　）

A. 随机解释变量与随机误差项正相关，OLS估计会低估截距项而高估斜率项

B. 随机解释变量与随机误差项正相关，OLS估计会高估截距项而低估斜率项

C. 随机解释变量与随机误差项负相关，OLS估计会高估截距项而低估斜率项

D. 随机解释变量与随机误差项负相关，OLS估计会低估截距项而高估斜率项

4. 下列关于工具变量法的说法正确的是（　　）

A. 将随机解释变量换成了工具变量，改变了原模型

B. 可以用滞后一期的随机解释变量作工具变量

C. 一个随机解释变量只能使用一个工具变量

D. 是GMM估计的一个特例

5. 工具变量法估计量是（　　）

A. 无偏估计量　　B. 有偏估计量

C. 一致估计量　　D. 非一致估计量

三、判断题

1. 含有随机解释变量的线性回归模型，其普通最小二乘法估计量都是有偏的。（ ）
2. 工具变量替代随机解释变量后，实际上是工具变量变成了解释变量。（ ）
3. 随机解释变量与随机干扰项同期相关时，仍用最小二乘法，估计量有偏且不一致。（ ）
4. 如果模型中的解释变量是随机变量，则违背了基本假设，使得模型的OLS估计量有偏且不一致。（ ）
5. 工具变量法是普通最小二乘法的特例。（ ）
6. 模型中解释变量X与随机扰动项μ同期不相关但异期相关，则得到的参数OLS估计量有偏不一致。（ ）
7. 工具变量法估计量是无偏估计量。（ ）
8. 工具变量法将原模型中的随机解释变量换成工具变量，改变了原模型。（ ）
9. 采用不同的工具变量得到的参数估计值是一样的。（ ）
10. 采用工具变量后，参数估计量满足一致性。（ ）
11. 随机解释变量与工具变量是一一对应的关系。（ ）
12. 一旦工具变量选定，它们在估计过程中被使用的次序不影响估计结果。（ ）

四、简答题

1. 什么是参数估计量的一致性？试通过一元模型证明工具变量法得到的斜率估计量$\hat{\beta}_1$是β_1的一致估计。

2. 简述工具变量法的基本思路及选择工具变量应遵循的原则。

3. 随机解释变量产生的原因有哪些？随机解释变量会造成哪些后果？

五、案例分析题

1. 一个研究某地区大学生就业人数的模型如下：

$$\text{EMP}_t = \beta_0 + \beta_1 \text{MIN}_{1t} + \beta_2 \text{POP}_t + \beta_3 \text{GDP}_{1t} + \beta_4 \text{GDP}_t + \mu_t$$

其中，EMP为新就业的大学生人数；MIN_1为该地区最低限度工资；POP为新毕业的大学生人数；GDP_1为该地区的地区生产总值；GDP为该国国内生产总值。

（1）如果该地区政府以多多少少不易观测的却对新毕业大学生就业有影响的因素作为基础来选择最低限度工资，则OLS估计将会存在什么问题？

（2）令MIN为该国的最低限度工资，它与随机扰动项相关吗？

（3）按照法律，各地区最低限度工资不得低于国家最低工资，那么MIN能成为MIN_1的工具变量吗？

2. 对模型$Y_t = \beta_0 + \beta_1 X_{1t} + \beta_2 X_{2t} + \beta_3 Y_{t-1} + \mu_t$，假设$Y_{t-1}$与$\mu_t$相关。为了消除该相关性，采用工具变量法先求$Y_t$关于$X_{1t}$与$X_{2t}$回归，得到$\hat{Y}_t$，再做如下回归：

$$Y_t = \beta_0 + \beta_1 X_{1t} + \beta_2 X_{2t} + \beta_3 \hat{Y}_{t-1} + \mu_t$$

试问：这一方法能否消除原模型中Y_{t-1}与μ_t的相关性？为什么？

3. 对于一元回归模型 $Y_t=\beta_0+\beta_1 X_t'+\mu_t$，假设解释变量 X_t' 的实测值 X_t 与之有偏误：$X_t=X_t'+\varepsilon_t$。其中 ε_t 是零均值、无序列相关，且与 X_t' 及 μ_t 不相关的随机变量，试问：

（1）能否将 $X_t=X_t'+\varepsilon_t$ 代入原模型，使之变换后进行OLS估计？其中，v_t 为变换后模型的随机干扰项。

（2）进一步假设 μ_t 与 ε_t 之间，以及它们与 X_t' 之间无异期相关，那么 $E\left(X_{t-1}v_t\right)=0$ 成立吗？X_t 与 X_{t-1} 相关吗？

（3）由（2）的结论，你能找到什么样的工具变量对变换后的模型进行估计？

六、上机题

1. 某国的政府税收T、国内生产总值GDP和汽车数量Z的观测数据如下表所示。试以汽车数量Z作为国内生产总值GDP的工具变量，估计税收函数：

$$T_t=\beta_0+\beta_1 \mathrm{GDP}_t+\mu_t$$

序号	$T/10^6$美元	GDP/10亿美元	$Z/10^6$辆	序号	$T/10^6$美元	GDP/10亿美元	$Z/10^6$辆
1	3	4	5	6	5	7	6
2	2	1	2	7	7	8	6
3	5	7	6	8	9	11	7
4	6	8	7	9	8	10	7
5	4	5	5				

2. 1981 ~ 2004年的国内生产总值GDP、消费CS、投资IV的数据如下表所示。试以投资IV作为国内生产总值GDP的工具变量，估计消费CS关于国内生产总值GDP的回归：

$$\ln \mathrm{CS}_t=\beta_0+\beta_1 \ln \mathrm{GDP}_t+\mu_t$$

年份	CS/亿元	GDP/亿元	IV/亿元	年份	CS/亿元	GDP/亿元	IV/亿元
1981	2 604.1	5 934.5	1 253.0	1993	15 682.4	34 634.4	12 980.0
1982	2 867.9	7 171.0	1 493.2	1994	20 809.8	46 759.4	16 856.3
1983	3 182.5	8 964.4	1 709.0	1995	26 944.5	58 478.1	20 300.5
1984	3 674.5	10 202.2	2 125.6	1996	32 152.3	67 884.6	23 336.1
1985	4 589.0	11 962.5	2 641.0	1997	34 854.6	74 462.6	25 154.2
1986	5 157.0	14 928.3	3 098.0	1998	36 921.1	78 345.2	27 630.8
1987	5 961.2	16 909.2	3 742.0	1999	39 334.4	82 067.5	29 475.5
1988	7 633.1	18 547.9	4 624.0	2000	42 895.6	89 468.1	32 623.8
1989	8 523.5	21 617.8	4 339.0	2001	45 898.1	97 314.8	36 813.3
1990	9 113.2	26 638.1	4 732.0	2002	48 881.6	105 172.3	41 918.3
1991	10 315.9	5 934.5	5 940.0	2003	52 685.5	117 390.2	51 303.9
1992	12 459.8	7 171.0	8 317.0	2004	58 994.5	136 875.9	62 351.4

第五章

多重共线性

一、单选题

1. 在线性回归模型中，若解释变量X_1和X_2的观测值成比例，即有 $X_{1i}=kX_{2i}$ ，其中k为非零常数，则表明模型中存在 （　　）

A. 异方差　　B. 多重共线性

C. 序列相关　　D. 随机解释变量

2. 对于模型 $Y_i=\beta_0+\beta_1 X_{1i}+\beta_2 X_{2i}+\mu_i$ ，与X_1、X_2的相关系数r_{12}=0相比，r_{12}=0.15时，$\mathrm{Var}\left(\hat{\beta}_1\right)$将是原来的 （　　）

A. 1倍　　B. 1.023倍

C. 1.96倍　　D. 2倍

3. 如果方差膨胀因子VIF=15，则认为（　　）问题是严重的。 （　　）

A. 异方差问题　　B. 序列相关问题

C. 多重共线性问题　　D. 解释变量与随机项的相关性

4. 近似多重共线性下参数的OLS估计量 （　　）

A. 不存在　　B. 有无穷多解

C. 唯一　　D. 非有效

5. 完全多重共线性下参数估计量 （　　）

A. 唯一　　B. 无法估计

C. 不存在　　D. 有效

6. 下列方法中，可克服多重共线性的是 （　　）

A. 差分法　　B. 加权最小二乘法

C. 工具变量法　　D. 广义最小二乘法

7. 在线性回归模型中，解释变量X_1与X_2的下列哪种关系不构成多重共线性？（　　）

A. $X_1\approx bX_2$（$b\neq 0$）　　B. $X_1=b\,X_2$（$b\neq 0$）

C. $X_1=a+bX_2$（a，$b\neq 0$）　　D. $X_1=k\,X_2^2$（$k\neq 0$）

8. 在多元线性回归模型中，如果某解释变量对其他解释变量回归的决定系数接近于1，则表明模型中存在 （　　）

A. 异方差性　　B. 多重共线性

C. 随机解释变量　　D. 自相关性

9. 用综合统计检验法可检验 （ ）

A. 多重共线性　　B. 异方差性

C. 自相关性　　D. 随机解释变量

10. 如果多元线性回归模型中解释变量存在完全多重共线性，则OLS估计量（ ）

A. 不确定、方差无限大　　B. 不确定、方差最小

C. 确定、方差无限大　　D. 确定、方差最小

11. 逐步回归法既可检验又可修正 （ ）

A. 异方差性　　B. 多重共线性

C. 随机解释变量　　D. 自相关性

12. X_1和X_2为解释变量，存在完全多重共线性的情形是 （ ）

A. $X_1+0.5X_2=0$　　B. $X_1X_2=0$

C. $X_1+0.5X_2=\mu$（μ为随机变量）　　D. $X_1+X_2^2=0$

13. 在多元线性回归模型中，发现各参数统计量的t检验都不显著，但模型的R^2很大，F检验是显著的，这说明模型存在 （ ）

A. 异方差性　　B. 多重共线性

C. 随机解释变量　　D. 自相关性

14. 以下不属于多重共线性克服方法的是 （ ）

A. 使用工具变量　　B. 增加样本容量

C. 利用已知信息修正模型　　D. 删减变量

15. 多重共线性的程度越（ ），参数估计值就越（ ）。 （ ）

A. 严重、精确　　B. 严重、不精确

C. 不严重、不精确　　D. 以上都不对

16. 下列哪种方法可以修正多重共线性 （ ）

A. 加权最小二乘法　　B. 广义最小二乘法

C. 减少解释变量个数　　D. Durbin两步法

17. 存在共线性时有 （ ）

A. $\text{Rank}(\boldsymbol{X})=K+1$　　B. $\text{Rank}(\boldsymbol{X'X})=K+1$

C. $\text{Rank}(\boldsymbol{X})<K+1$　　D. $\boldsymbol{X'X}$可逆

二、多选题

1. 多重共线性产生的主要原因有 （ ）

A. 经济变量之间往往存在同方向的变化趋势

B. 经济变量之间往往存在密切的关联度

C. 在模型中采用滞后变量也容易产生多重共线性

D. 在建模过程中由于解释变量选择不当，引起了变量之间的多重共线性

2. 检验多重共线性严重性的方法有 （ ）

A. 逐步回归法　　B. 方差膨胀因子

C. 工具变量法　　D. 判定系数检验法

3. 当模型中解释变量间存在严重的近似多重共线性时 (　　)

A. 各个解释变量对被解释变量的影响将难以精确鉴别

B. 部分解释变量与随机干扰项之间将高度相关

C. 估计量的精确度大幅下降

D. 估计量对样本的变动将十分敏感

4. 多重共线性解决方法主要有 (　　)

A. 保留重要的解释变量，去掉次要的或可替代的解释变量

B. 利用先验信息改变参数的约束形式

C. 变换模型的形式

D. 综合使用时间数据与截面数据

5. 检验多重共线性的方法有 (　　)

A. 简单相关系数矩阵法　　B. Goldfeld-Quandt检验法

C. 逐步回归法　　D. t检验与F检验的综合检验法

6. 下列说法不正确的有 (　　)

A. 多重共线性的存在会影响模型在预测上的应用

B. 多重共线性是完全可以避免的

C. 多重共线性不影响参数估计量的有效性

D. 多重共线性只有完全共线性一种类型

7. 能修正多重共线性的方法有 (　　)

A. 增加样本容量　　B. 变换模型的函数形式

C. 逐步回归　　D. 使用差分模型

8. 如果多元线性模型解释变量间存在近似多重共线性，则OLS估计量满足 (　　)

A. 线性性　　B. 无偏性

C. 有效性　　D. 一致性

三、判断题

1. 当用于检验方程显著性的F统计量与检验单个系数显著性的t统计量结果矛盾时，可以认为出现了严重的多重共线性。 (　　)

2. 当存在严重的多重共线性时，普通最小二乘法往往会低估参数估计量的方差。 (　　)

3. 变量的两两高度相关并不代表一定存在严重的多重共线性，变量不存在两两高度相关表示不存在严重的多重共线性。 (　　)

4. 由于多重共线性不会影响到随机干扰项的方差，因此如果分析的目的仅仅是预测，则多重共线性是无害的。 (　　)

5. 解释变量与随机扰动项相关是产生多重共线性的主要原因。 (　　)

6. 多重共线性是随机扰动项违背了古典假定引起的。 (　　)

7. 多重共线性只有在多元线性回归模型中才有可能发生。 (　　)

8. 解释变量越多，多重共线性越严重。（ ）
9. 当模型中出现多重共线性时，参数的OLS估计是有偏的，不再有效。（ ）
10. 存在多重共线性时，模型参数无法估计。（ ）
11. 按差分进行回归的模型可以减少多重共线性。（ ）
12. 线性回归中，要评价存在严重多重共线的变量的显著性是不可能的。（ ）
13. VIF越高，多重共线性越严重。（ ）
14. 存在近似多重共线性时，参数的最小二乘估计量满足大样本性质。（ ）
15. 在模型中引入解释变量的多个滞后项容易产生多重共线性。（ ）
16. 多元线性模型中，若解释变量之间两两的相关性较低，则无严重多重共线性。（ ）

四、简答题

1. 简述多重共线性的含义。

2. 简述多重共线性的危害。

3. 列举多重共线性的检验方法。

4. 列举多重共线性的解决方法。

5. 多重共线性产生的原因是什么？

五、案例分析题

1. 某地区供水部门利用最近15年的用水年度数据得出如下估计模型：

$$\text{water} = -326.9 + 0.305\text{house} + 0.363\text{pop} - 0.005\text{pcy} - 17.87\text{price} - 1.123\text{rain}$$
$$(-1.7)\quad (0.9)\quad (1.4)\quad (-0.6)\quad (-1.2)\quad (-0.8)$$
$$\bar{R}^2 = 0.93,\ F=38.9$$

其中，water为用水总量（10^6立方米）；house为住户总数（1 000户）；pop为总人口（1 000人）；pcy为人均收入（元）；price为价格（元/100立方米）；rain为降雨量（毫米）。

（1）根据经济理论和直觉，请估计回归系数的符号的正负（不包括常量），为什么？观察符号与你的直觉相符吗？

（2）在5%的显著性水平下，请进行变量的t检验与方程的F检验。t检验与F检验结果有相矛盾吗？

（3）你认为估计值是有偏的、无效的，或不一致的吗？详细阐述理由。

2. 经济理论指出，家庭消费支出Y不仅取决于可支配收入X_1，还取决于个人财富X_2，即可设定如下回归模型：

$$Y_t = \beta_0 + \beta_1 X_{1t} + \beta_2 X_{2t} + \mu_t$$

根据10个家庭资料用EViews软件计算结果如下。

Coefficients:				
	Estimate	Std.Error	*t*-value	Prob
C	245.515 8	69.523 48	3.531 4	0.009 6
X_1	0.568 425	0.716 098	0.793 8	0.453 4
X_2	−0.005 833	0.070 294	−0.083 0	0.936 2
R-squared: 0.962 1		Adjusted *R*-squared: 0.951 3		
F-statistic: 88.845	prob（*F*-statistic）：0.000 01		Durbin-Watson stat：2.708	

（1）用标准形式写出样本回归函数。

（2）说明估计的模型是否可靠，给出你的分析。

3. 考虑如下模型：

$$Y_t=\beta_0+\beta_1X_t+\beta_2X_{t-1}+\beta_3\left(X_t-X_{t-1}\right)+\mu_t$$

其中，Y_t为时间t时的GDP；X_t为时间t时的货币供给。即此模型设想t时的GDP是时间t和$t-1$时的货币供给以及这段时间货币供给变化的函数。

（1）你能成功地估计出模型的全部系数吗？为什么？

（2）如果不能，那么什么系数可以估计？

（3）假设β_2X_{t-1}项不在模型中出现，你对（1）的回答仍然一样吗？

（4）重做（3），但现在假定β_1X_t项不在模型中出现。

4. 根据1889～1922年美国制造业部门的年度数据，Dougherty获得如下回归模型：

$$\widehat{\ln Y}=2.81-0.531\ln K+0.910\ln L+0.047t$$

$$\text{Se}\ (1.38)\ (0.34)\quad (0.14)\quad (0.021) \qquad (1)$$

$$R^2=0.97,\ F=189.8$$

其中，Y为实际产出指数；K为实际资本投入指数；L为实际劳动力投入指数；t为时间或趋势。

利用同样的数据，他又获得以下回归：

$$\widehat{\ln(Y/L)}=-0.11+0.11\ln(K/L)+0.006t$$

$$\text{Se}\quad (0.03)\ (0.15)\qquad (0.006) \qquad (2)$$

$$R^2=0.65,\ F=19.5$$

（1）回归式（1）中有没有多重共线性？为什么？

（2）回归式（1）中参数的先验符号是什么？结果是否与预期的一致？为什么？

（3）回归式（2）的道理何在？

（4）如果回归式（1）中有多重共线性，那么是否被回归式（2）修正？为什么？（α=5%）

六、上机题

1. 下表是某种商品的需求量、价格及消费者收入的统计资料。

年份	1	2	3	4	5	6	7	8	9	10
需求量Y	3.5	4.3	5.0	6.0	7.0	9.0	8.0	10	12	14
价格X_1	16	13	10	7	7	5	4	3	3.5	2
消费者收入X_2	15	20	30	42	50	54	65	72	85	90

要求：

（1）检验X_1和X_2是否存在严重的多重共线性？

（2）如何解决或减轻多重共线性的影响，并给出这一问题的回归方程。

2. 下表是被解释变量Y及解释变量X_1、X_2、X_3、X_4的时间序列观测值。

Y	6.0	6.0	6.5	7.1	7.2	7.6	8.0	9.0	9.0	9.3
X_1	40.1	40.3	47.5	49.2	52.3	58.0	61.3	62.5	64.7	66.8
X_2	5.5	4.7	5.2	6.8	7.3	8.7	10.2	14.1	17.1	21.3
X_3	108	94	108	100	99	99	101	97	93	102
X_4	63	72	86	100	107	111	114	116	119	121

要求：

（1）用OLS法估计线性回归模型$Y_t=\beta_0+\beta_1X_{1t}+\beta_2X_{2t}+\beta_3X_{3t}+\beta_4X_{4t}+\mu_t$。

（2）采用适当的方法检验多重共线性。

第六章

异方差性

一、单选题

1. Gleiser检验法主要用于检验 （　　）

A. 异方差性　　B. 自相关性

C. 随机解释变量　　D. 多重共线性

2. Goldfeld-Quandt检验法可用于检验 （　　）

A. 异方差性　　B. 多重共线性

C. 序列相关　　D. 设定误差

3. 若回归模型中的随机误差项存在异方差，则估计模型参数应采用 （　　）

A. 普通最小二乘法　　B. 加权最小二乘法

C. 广义差分法　　D. 工具变量法

4. 如果回归模型中的随机误差项存在异方差，则模型参数的普通最小二乘估计量 （　　）

A. 无偏且有效　　B. 无偏但非有效

C. 有偏但有效　　D. 有偏且非有效

5. 设回归模型为 $Y_i = \beta X_i + \mu_i$，其中 $\mathrm{Var}(\mu_i) = \sigma^2 X_i$，则 β 的最有效估计量为 （　　）

A. $\hat{\beta} = \dfrac{\sum XY}{\sum X^2}$　　B. $\hat{\beta} = \dfrac{n\sum XY - \sum X \sum Y}{n\sum X^2 - \left(\sum X\right)^2}$

C. $\hat{\beta} = \dfrac{\bar{Y}}{\bar{X}}$　　D. $\hat{\beta} = \dfrac{1}{n}\sum \dfrac{X}{Y}$

6. 对于模型 $Y_i = \beta_0 + \beta X_i + \mu_i$，如果在异方差检验中发现 $\mathrm{Var}(\mu_i) = \sigma^2 X_i$，则用加权最小二乘法估计模型参数时，权数应为 （　　）

A. X_i　　B. $\sqrt{X_i}$

C. $\dfrac{1}{X_i}$　　D. $\dfrac{1}{\sqrt{X_i}}$

7. 如果回归模型违背了同方差假定，则最小二乘估计量 （　　）

A. 无偏、非有效　　B. 有偏、非有效

C. 无偏、有效　　D. 有偏、有效

8. White检验方法主要用于检验 ( )

A. 异方差性　　B. 自相关性

C. 随机解释变量　　D. 多重共线性

9. 异方差是指 ( )

A. $\text{Var}(\mu_i) \neq \sigma^2$　　B. $\text{Var}(X_i) \neq \sigma^2$

C. $\text{Var}(\mu_i) = \sigma^2$　　D. $\text{Var}(X_i) = \sigma^2$

10. 加权最小二乘法是下列哪个参数估计方法的特例 ( )

A. 广义差分法　　B. 广义最小二乘法

C. 普通最小二乘法　　D. 两阶段最小二乘法

11. 在异方差的情况下,参数估计量仍是无偏的,其原因是 ( )

A. 零均值假定成立　　B. 序列无自相关假定成立

C. 无多重共线性假定成立　　D. 解释变量与随机误差项不相关假定成立

12. 在异方差的情况下，参数估计量的方差不能正确估计的原因是 ( )

A. $E(\mu_i^2) \neq \sigma^2$　　B. $E(\mu_i \mu_j) \neq 0 (i \neq j)$

C. $E(\mu_i \mu_i) \neq 0$　　D. $E(\mu_i) \neq 0$

13. 在下列产生异方差的原因中，不正确的是 ( )

A. 模型设定有误　　B. 截面数据

C. 样本数据中有异常值　　D. 解释变量的共线性

14. 设 $Y_i = \beta_1 + \beta_2 X_i + \mu_i$，$\text{Var}(\mu_i) = \sigma^2 f(X_i)$，则对原模型加权的正确形式为 ( )

A. $Y_i = \beta_1 + \beta_2 X_i + \mu_i$

B. $\dfrac{Y_i}{\sqrt{f(X_i)}} = \dfrac{\beta_1}{\sqrt{f(X_i)}} + \beta_2 \dfrac{X_i}{\sqrt{f(X_i)}} + \dfrac{\mu_i}{\sqrt{f(X_i)}}$

C. $\dfrac{Y_i}{f^2(X_i)} = \dfrac{\beta_1}{f^2(X_i)} + \beta_2 \dfrac{X_i}{f^2(X_i)} + \dfrac{\mu_i}{f^2(X_i)}$

D. $Y_i f(X_i) = \beta_1 f(X_i) + \beta_2 X_i f(X_i) + \mu_i f(X_i)$

15. 在修正异方差的方法中，不包括 ( )

A. 加权最小二乘法　　B. 异方差稳健推断

C. 针对模型的对数变换法　　D. 两阶段最小二乘法

16. 在检验异方差的方法中，不包括 ( )

A. Goldfeld-Quandt方法　　B. LM检验法

C. White检验法　　D. DW检验法

17. 下列说法正确的是 ( )

A. 异方差不影响参数估计量的性质

B. 异方差的变化与解释变量的变化有关

C. 异方差存在不影响模型在预测上的应用

D. 时间序列更易产生异方差

18. 下列说法不正确的是 （ ）

A. 使用截面数据容易产生异方差 B. 异方差产生的原因有设定错误

C. 检验异方差的方法有F检验法 D. 修正异方差的方法有差分法

19. 在运用加权最小二乘法时，如果变换的结果是$\frac{Y}{X}=\beta_1\frac{1}{X}+\beta_2\frac{X}{X}+\frac{\mu}{X}$，则$\mathrm{Var}(\mu)$是下列形式中的哪一种？ （ ）

A. $\sigma^2 X$ B. $\sigma^2 X^2$

C. $\sigma^2\sqrt{X}$ D. $\sigma^2\log(X)$

二、多选题

1. 下列哪些方法可克服异方差性 （ ）

A. 差分法 B. 加权最小二乘法

C. 工具变量法 D. 广义最小二乘法

2. 异方差性的后果包括 （ ）

A. 参数估计量不再满足无偏性

B. 变量的显著性检验失去意义

C. 模型的预测失效

D. 普通最小二乘法参数估计量方差较大

3. 下列计量经济分析中，可能存在异方差问题的有 （ ）

A. 用截面数据建立家庭消费支出对家庭收入水平的回归模型

B. 用截面数据建立产出对劳动和资本的回归模型

C. 以凯恩斯的有效需求理论为基础构造宏观计量经济模型

D. 以国民经济核算账户为基础构造宏观计量经济模型

4. 异方差的检验方法有 （ ）

A. 图示检验法 B. Gleiser检验

C. White检验 D. t检验

5. 异方差产生的原因有 （ ）

A. 遗漏了重要的解释变量 B. 模型函数形式设定有误

C. 滞后变量的使用 D. 截面数据的使用

6. 能够修正异方差的方法有 （ ）

A. 加权最小二乘法 B. 逐步回归法

C. 广义最小二乘法 D. 工具变量法

7. 下列说法正确的是 （ ）

A. 异方差的影响有预测失效

B. 异方差产生的原因有模型设定错误

C. 检验异方差的方法有帕克检验法

D. 修正异方差的方法有加权最小二乘法

8. 下列说法不正确的有 ( )

A. 异方差不影响参数估计量的性质

B. 异方差是随机误差项的问题

C. 异方差会影响参数估计量的线性性

D. 异方差的产生与数据类型无关

9. Goldfeld-Quandt检验法的应用条件有 ( )

A. 将观测值按解释变量的大小排序

B. 样本容量尽可能大

C. 随机误差项服从正态分布

D. 将排列在中间的约1/4的观测值删除掉

三、判断题

1. 存在异方差的情况下，普通最小二乘估计量依然是无偏和有效的。 ( )

2. 如果存在异方差，参数的t检验和模型的F检验无效。 ( )

3. 如果OLS估计的残差是解释变量的函数，则意味着存在异方差。 ( )

4. 广义最小二乘法可消除异方差。 ( )

5. 存在异方差时，普通最小二乘法通常会高估参数估计量的方差。 ( )

6. 异方差的Goldfeld-Quandt检验，需排序后去掉中间c个样本点，c越大检验精度越高，但过高的c会降低检验的自由度，因而c应该适量，近似为样本容量的1/4。 ( )

7. 异方差的Goldfeld-Quandt检验的结论，会随检验中去掉的样本数量的不同而有所变化。 ( )

8. LM检验可以用来检验异方差性问题。 ( )

9. 如果一个回归模型设定有误，则必定存在异方差，OLS残差表现出明显的系统模式。 ( )

10. 可行的加权最小二乘估计量是最佳线性无偏估计量。 ( )

11. 异方差稳健推断得到的统计量在大样本下比在小样本下更有效。 ( )

12. 加权最小二乘法让加权后的残差平方和最小。 ( )

四、简答题

1. 简述异方差对OLS估计量的性质、置信区间、显著性t检验和F检验有何影响。

2. 下列情况是否是异方差性造成的？

（1）OLS估计量是有偏的。

（2）通常的变量显著性检验的t统计量不再服从t分布。

（3）OLS估计量不再具有最佳线性无偏性。

3. 已知线性回归模型

$$y_i = \beta_0 + \beta_1 x_{1i} + \beta_2 x_{2i} + \mu_i$$

存在异方差，随机误差项的方差为$\sigma_{\mu_i}^2 = 2x_{1i} - 3$，问：参数估计时，如何克服该异方差性的影响？

4. 什么是加权最小二乘法，它的基本思想是什么？

5. 异方差性形成的原因有哪些？

6. 简述异方差性LM检验的步骤。

7. 简述异方差性Goldfeld-Quandt检验的步骤。

五、案例分析题

1. 已知模型

$$Y_i = \beta_0 + \beta_1 X_{1i} + \beta_2 X_{2i} + \mu_i$$

其中，Y_i 为某公司在第i个地区的销售额；X_{1i} 为该地区的总收入；X_{2i} 为该公司在该地区投入的广告费用（i=0，1，2，…，50）。

（1）由于不同地区人口规模 P_i 可能影响着该公司在该地区的销售，因此有理由怀疑随机误差项 μ_i 是异方差性的。假设 σ_i 依赖于 P_i，请逐步描述你如何对此进行检验，需说明：①原假设和备择假设；②要进行的回归；③要计算的检验统计值及其分布（包括自由度）；④接受或拒绝原假设的标准。

（2）假设 $\sigma_i = \sigma P_i$。逐步描述如何求得BLUE并给出理论依据。

2. 根据某城市1978～1998年人均储蓄y与人均收入x的数据资料建立了如下回归模型：

$$\hat{y} = -2\,187.521 + 1.684\,3x$$

Se（340.010 3）（0.062 2）

R^2=0.974 8，DW=0.293 4，F=733.606 6

试求解以下问题。

（1）取时间段1978～1985年和1991～1998年，分别建立两个模型。

模型1：

$$\hat{y} = -145.4415 + 0.3971x$$
$$t\ (-8.7302)\ (25.4269)$$
$$R^2 = 0.9908, \sum e_1^2 = 1372.202$$

模型2：

$$\hat{y} = -4602.365 + 1.9525x$$
$$t\ (-5.0660)\ (18.4094)$$
$$R^2 = 0.9826, \sum e_2^2 = 5811189$$

计算F统计量，即 $F = \sum e_2^2 / \sum e_1^2 = 5811189/1372.202 = 4234.9370$，给定 $\alpha = 5\%$，查F分布表，得临界值 $F_{0.05}(6,6) = 4.28$。请你继续完成上述工作，并回答所做的是一项什么工作，其结论是什么？

（2）利用y对x回归所得的残差平方构造一个辅助回归函数：

$$e_t^2 = 260.2 + 1.08334x_t$$
$$R^2 = 0.5659$$

计算21×0.565 9=11.883 9。

请继续完成上述工作，并回答所做的是一项什么工作，其结论是什么？已知 $\chi_{0.05}^2(1) = 3.8428$。

（3）综合（1）和（2）两种结果，给出简要评价。

3. 对一个含有30个企业的样本做平均薪酬（W）对职工人数（N）的回归，得到如下结果：

$$\hat{W} = 7.5 + 0.009N$$
$$t\qquad (16.10) \qquad\qquad (a)$$
$$R^2 = 0.90$$

$$\frac{\hat{W}}{N} = 0.008 + 7.8\frac{1}{N}$$
$$t\ (14.43)\ (76.58) \qquad\qquad (b)$$
$$R^2 = 0.99$$

（1）你怎样解释这两个回归？

（2）该回归是否担心异方差问题？从（a）到（b）做了什么假定？你是怎么知道的？

（3）怎样能把这两个模型的截距和斜率联系起来？

（4）你能比较这两个回归的 R^2 吗？为什么？

4. Hanusheck和Jackon估计了如下模型：

$$C_t = \beta_0 + \beta_1 \mathrm{GNP}_t + \beta_2 D_t + \mu_t \quad \text{(a)}$$

其中，C_t 为 t 年的私人总消费支出；GNP_t 为 t 年的国民生产总值；D_t 为 t 年的国防支出。分析的目的在于研究国防支出对经济中其他开支的影响。他们假定上述模型随机干扰项的方差为 $\delta_t^2 = \delta^2 \mathrm{GNP}_t^2$，这样把式（a）变化成式（b）来进行估计：

$$\frac{C_t}{\mathrm{GNP}_t} = \beta_0 \frac{1}{\mathrm{GNP}_t} + \beta_1 + \beta_2 \frac{D_t}{\mathrm{GNP}_t} + \frac{\mu_t}{\mathrm{GNP}_t} \quad \text{(b)}$$

根据1946 ~ 1975年的数据，对上述两个模型进行回归得到的经验结果如下（括号中为标准差）：

$$\begin{aligned} \hat{C}_t &= 26.19 + 0.628\,4\mathrm{GNP}_t - 0.439\,8D_t \\ &\quad (2.73)\ (0.006)\qquad (0.073\,6) \\ R^2 &= 0.999 \end{aligned} \quad \text{(c)}$$

$$\begin{aligned} \frac{\hat{C}_t}{\mathrm{GNP}_t} &= 25.92\frac{1}{\mathrm{GNP}_t} + 6\,246 - 0.431\,5\frac{D_t}{\mathrm{GNP}_t} \\ &\quad (2.22)\qquad (0.006\,6)(0.073\,6) \\ R^2 &= 0.875 \end{aligned} \quad \text{(d)}$$

（1）Hanusheck和Jackon对异方差的性质做了什么假定？你能说明其中的理由么？

（2）比较两个回归结果，对原模型的变换是否使结果有所改进，也就是说，是否降低了标准差？为什么？

（3）你能比较这两个回归的 R^2 值吗？为什么？

5. 已知模型 $Y_t = \beta_0 + \beta_1 X_{1t} + \beta_2 X_{2t} + \mu_t$，$\mathrm{Var}(\mu_t) = \delta^2 = \delta^2 Z_t^2$，其中$Y$、$X_1$、$X_2$、$Z$的数据已知。假定给定权数 w_t，加权最小二乘法就是使 $\mathrm{RSS} = \sum(w_t\mu_t)^2 = \sum(w_tY_t - \beta_0 w_t - \beta_1 w_t X_{1t} - \beta_2 w_t X_{2t})^2$ 最小。

（1）求RSS对 β_0、β_1 和 β_2 的偏微分，并写出正规方程。

（2）用Z去除原模型，写出所得新模型的正规方程。

（3）把 $w_t = \dfrac{1}{Z_t}$ 代入（1）中的正规方程，并证明它们与（2）的推导结果一样。

六、上机题

下表给出了美国18个行业1988年研发（R&D）费用Y和销售收入X的数据，请用Park检验、Gleiser检验、Goldfeld-Quandt检验与White检验来检验Y关于X的回归模型是否存在异方差。如果存在请尝试消除。

序号	研发费用Y	销售收入X	序号	研发费用Y	销售收入X
1	62.5	6 375.3	10	6 620.1	80 522.8
2	92.9	11 626.4	11	3 918.6	95 294.0
3	178.3	14 655.1	12	1 595.3	101 314.1
4	258.4	21 869.2	13	6 107.5	116 141.3
5	494.7	26 408.3	14	4 454.1	122 315.7
6	1 083.0	32 405.6	15	3 163.8	141 649.9
7	1 620.6	32 107.7	16	13 210.7	175 025.8
8	421.7	40 295.4	17	1 703.8	230 614.5
9	509.2	70 761.6	18	9 528.2	293 454.3

第七章

序列相关性

一、单选题

1. DW检验主要用于检验 (　　)

A. 异方差性　　B. 自相关性

C. 随机解释变量　　D. 多重共线性

2. 在下列引起序列相关的原因中，正确的有几个？ (　　)

（1）经济变量具有惯性作用

（2）经济行为的滞后性

（3）设定偏误

（4）解释变量之间的共线性

A. 1个　　B. 4个

C. 2个　　D. 3个

3. 若回归模型的随机误差项存在一阶自回归形式的序列相关，则估计参数应采用 (　　)

A. 普通最小二乘法　　B. 加权最小二乘法

C. 广义差分法　　D. 工具变量法

4. 用于检验序列相关的DW统计量的取值范围是 (　　)

A. 0≤DW≤1　　B. −1≤DW≤1

C. −2≤DW≤2　　D. 0≤DW≤4

5. 已知DW统计量的值接近于0，则样本回归模型残差的一阶自相关系数 $\hat{\rho}$ 近似等于 (　　)

A. −1　　B. 0

C. 1　　D. 0. 5

6. 已知样本回归模型残差的一阶自相关系数接近于−1，则DW统计量近似等于 (　　)

A. 0　　B. 1

C. 2　　D. 4

7. 在给定的显著性水平之下，若DW统计量的下、上临界值分别为 d_L 和 d_U，则当 $d_L < \mathrm{DW} < d_U$ 时，可认为随机误差项 (　　)

A. 存在一阶正自相关　　B. 存在一阶负自相关

C. 不存在序列相关　　D. 不能断定是否存在序列相关

8. 某企业的生产决策由模型 $S_t = \beta_0 + \beta_1 P_t + \mu_t$ 描述（其中 S_t 为产量，P_t 为价格），又知：如果该企业在 $t-1$ 期生产过剩，决策者会削减 t 期的产量；如果该企业在 $t-1$ 期产出供不应求，决策者会增加 t 期的产量。由此判断上述模型存在（　　）

A. 异方差问题　　B. 序列相关问题

C. 多重共线性问题　　D. 随机解释变量问题

9. 用矩阵形式表示的多元线性回归模型的广义最小二乘参数估计量为 $\hat{\boldsymbol{\beta}} = \left(\boldsymbol{X}'\boldsymbol{\Omega}^{-1}\boldsymbol{X}\right)^{-1}\boldsymbol{X}'\boldsymbol{\Omega}^{-1}\boldsymbol{Y}$，则此估计量为（　　）

A. 有偏、有效估计量　　B. 有偏、无效估计量

C. 无偏、无效估计量　　D. 无偏、有效估计量

10. 对于模型 $\boldsymbol{Y} = \boldsymbol{X\beta} + \boldsymbol{\mu}$，若存在序列相关，同时存在异方差，即有

$$E(\boldsymbol{\mu}) = 0,\ \mathrm{Cov}(\boldsymbol{\mu}) = E(\boldsymbol{\mu\mu}') = \sigma^2\boldsymbol{\Omega}$$

$$\boldsymbol{\Omega} = \begin{pmatrix} w_{11} & w_{12} & \cdots & w_{1n} \\ \vdots & \vdots & & \vdots \\ w_{n1} & w_{n2} & \cdots & w_{nn} \end{pmatrix}$$

则 $\boldsymbol{\Omega}$ 是一个（　　）

A. 奇异矩阵　　B. 单位矩阵

C. 对角矩阵　　D. 正定矩阵

11. 在以下选项中，正确表达了序列自相关的是（　　）

A. $\mathrm{Cov}(u_i,\ u_j) \neq 0,\ i \neq j$　　B. $\mathrm{Cov}(u_i,\ u_j) = 0,\ i \neq j$

C. $\mathrm{Cov}(x_i,\ x_j) \neq 0,\ i \neq j$　　D. $\mathrm{Cov}(x_i,\ u_j) \neq 0,\ i \neq j$

12. 如果回归模型违背了无自相关假定，最小二乘估计量是（　　）

A. 无偏的、非有效的　　B. 有偏的、非有效的

C. 无偏的、有效的　　D. 有偏的、有效的

13. 广义差分法是对下列哪一个模型用最小二乘法估计参数？（　　）

A. $Y_t = \beta_1 + \beta_2 X_t + \mu_t$

B. $Y_{t-1} = \beta_1 + \beta_2 X_{t-1} + \mu_{t-1}$

C. $\rho Y_t = \rho\beta_1 + \beta_2 \rho X_t + \rho\mu_t$

D. $Y_t - \rho Y_{t-1} = \beta_1(1-\rho) + \beta_2(X_t - \rho X_{t-1}) + \mu_t - \rho\mu_{t-1}$

14. 在DW检验中要求有假定条件，下列条件中不正确的是（　　）

A. 解释变量为非随机的

B. 随机误差项为一阶自回归形式

C. 解释变量中不应含有滞后内生变量

D. 线性回归模型为一元回归形式

15. 广义差分法与下列哪个方法等价？（　　）

A. 加权最小二乘法　　B. 广义最小二乘法

C. 普通最小二乘法　　D. 两阶段最小二乘法

16. 在下列引起序列相关的原因中，不正确的是　(　　)

A. 时间序列数据的使用　　B. 函数形式设定有误

C. 重要解释变量的遗漏　　D. 截面数据的使用

17. 设 μ_t 为随机误差项，则一阶自相关是指　(　　)

A. $\mathrm{Cov}(\mu_t, \mu_s) \neq 0 (t \neq s)$　　B. $\mu_t = \rho\mu_{t-1} + \varepsilon_t$

C. $\mu_t = \rho_1\mu_{t-1} + \rho_2\mu_{t-2} + \varepsilon_t$　　D. $\mu_t = \rho\mu_{t-1}^2 + \varepsilon_t$

18. 在序列相关的情况下，参数估计量仍是无偏的，其原因之一是　(　　)

A. 零均值假定成立　　B. 同方差假定成立

C. 无多重共线性假定成立　　D. 正态性假设成立

19. 在序列自相关的情况下，参数估计值的方差不能正确估计的原因是　(　　)

A. $E(\mu_i^2) \neq \sigma^2$　　B. $E(\mu_i\mu_j) \neq 0 (i \neq j)$

C. $E(\mu_i\mu_i) \neq 0$　　D. $E(\mu_i) \neq 0$

20. 应用LM检验方法检验序列相关，下列说法错误的是　(　　)

A. 解释变量可以是随机的

B. 不可以检验一阶自相关

C. 线性回归模型中可以不含截距项

D. 可以检验高阶序列相关

21. 在DW检验中，当DW统计量为 2 时，表明　(　　)

A. 存在完全的正自相关　　B. 存在完全的负自相关

C. 不存在自相关　　D. 不能判定

22. DW统计量与一阶自回归系数 ρ 的关系式是　(　　)

A. $\mathrm{DW}=1-\dfrac{\rho}{2}$　　B. $\mathrm{DW}=2(1-\rho)$

C. $\mathrm{DW}=1-\rho$　　D. $\mathrm{DW}=-2\rho$

23. 在DW检验中，当DW统计量为0时，表明　(　　)

A. 存在完全的正自相关　　B. 存在完全的负自相关

C. 不存在自相关　　D. 不能判定

24. 在DW检验中，存在不能判定的区域是　(　　)

A. $0<\mathrm{DW}<d_L$，$4-d_L<\mathrm{DW}<4$　　B. $d_L<\mathrm{DW}<d_U$，$4-d_U<\mathrm{DW}<4-d_L$

C. $d_U<\mathrm{DW}<4-d_U$　　D. 上述都不对

25. 在修正序列相关的方法中，能修正高阶自相关的方法是　(　　)

A. 利用DW统计量值求出 $\hat{\rho}$　　B. 逐步回归法

C. Durbin两步法　　D. 移动平均法

26. 在DW检验中，存在正自相关的区域是　(　　)

A. $4-d_L<\mathrm{DW}<4$　　B. $0<\mathrm{DW}<d_L$

C. $d_U<\mathrm{DW}<4-d_U$　　D. $d_L<\mathrm{DW}<d_U$，$4-d_U<\mathrm{DW}<4-d_L$

27. 在修正序列相关的方法中，不包括 （ ）

A. 广义差分法 B. 普通最小二乘法

C. 一阶差分法 D. Durbin两步法

28. 下列关于序列相关问题的说法正确的是 （ ）

A. 任何模型都存在

B. 使用时间序列数据更易产生

C. 不影响参数估计量的小样本性质

D. 使用截面数据更易产生

29. 下列说法不正确的是 （ ）

A. 修正自相关的方法有广义差分法

B. 经济变量的惯性作用会导致自相关

C. 检验自相关的方法有F检验法

D. 自相关在建立计量经济模型时经常会遇到

30. 在DW检验中，存在负自相关的区域是 （ ）

A. $4-d_L<\mathrm{DW}<4$ B. $0<\mathrm{DW}<d_L$

C. $d_U<\mathrm{DW}<4-d_U$ D. $d_L<\mathrm{DW}<d_U$，$4-d_U<\mathrm{DW}<4-d_L$

31. 在DW检验中，不存在自相关的区域是 （ ）

A. $4-d_L<\mathrm{DW}<4$ B. $0<\mathrm{DW}<d_L$

C. $d_U<\mathrm{DW}<4-d_U$ D. $d_L<\mathrm{DW}<d_U$，$4-d_U<\mathrm{DW}<4-d_L$

32. 已知模型的形式为$Y=\beta_1+\beta_2X+\mu$，在用实际数据对模型的参数进行估计的时候，测得DW统计量为0.645 3，则广义差分变量是 （ ）

A. $Y_t-0.645\,3Y_{t-1}$，$X_t-0.645\,3X_{t-1}$ B. $Y_t-0.677\,4Y_{t-1}$，$X_t-0.677\,4X_{t-1}$

C. Y_t-Y_{t-1}，X_t-X_{t-1} D. $Y_t-0.05Y_{t-1}$，$X_t-0.05X_{t-1}$

33. 已知DW统计量的值接近于2，则样本回归模型残差的一阶自相关系数$\hat{\rho}$近似等于 （ ）

A. 0 B. −1

C. 1 D. 4

二、多选题

1. 下列选项中，可能导致模型产生序列相关的有 （ ）

A. 模型形式被误设

B. 经济序列本身的惯性

C. 模型中漏掉了重要的带有自相关的解释变量

D. 数据的编造

2. 关于DW检验下列说法正确的有 （ ）

A. 只适用于一阶线性自回归形式的序列相关

B. DW统计量的取值区间是［0，4］

C. 当DW=2时，对应的相关系数为0，表明不存在序列相关
D. 当DW值落在区间［d_L，d_U］或者［4–d_U，4–d_L］上时，无法确定随机误差项是否存在自相关

3. 序列相关性的影响包括（　　）
A. 参数估计量不再满足无偏性
B. 变量的显著性检验失去意义
C. 模型的预测失效
D. 普通最小二乘法参数估计量方差较大

4. 下列选项中，可克服序列相关的有（　　）
A. 广义差分法　　B. 加权最小二乘法
C. 工具变量法　　D. 广义最小二乘法

5. 下列说法正确的有（　　）
A. 一阶序列相关是最常见的序列相关形式
B. 高阶序列相关通常源于低阶序列相关的传递
C. 若一阶自相关系数为负，二阶自相关系数必然也为负
D. 一阶自相关系数的绝对值小于1

6. 如果模型中存在序列自相关现象，则会引起如下后果（　　）
A. 参数估计值有偏　　B. 参数估计值的方差不能正确确定
C. 变量的显著性检验失效　　D. 预测精度降低

7. 检验序列相关的方法是（　　）
A. *F*检验法　　B. White检验法
C. 图形法　　D. DW检验法

8. 能够修正序列相关的方法有（　　）
A. 加权最小二乘法　　B. Durbin两步法
C. 广义最小二乘法　　D. 一阶差分法

9. 广义最小二乘法的特例有（　　）
A. 对模型进行对数变换　　B. 加权最小二乘法
C. 数据的结合　　D. 广义差分法

10. DW检验方法应满足的假定条件有（　　）
A. 解释变量为非随机的
B. 被解释变量为非随机的
C. 模型中不能含有滞后被解释变量
D. 随机误差项为一阶自回归

11. 下列说法正确的是（　　）
A. 自相关只存在于相邻随机误差项之间
B. 自相关产生的原因有经济变量的惯性作用
C. 检验自相关的方法有*F* 检验法
D. 修正自相关的方法有广义差分法

12. 下列说法不正确的是（ ）

A. 虚变量数据的使用容易产生序列相关

B. 时间序列数据的使用容易产生序列相关

C. 序列自相关不影响参数估计量的大样本性质

D. 截面数据的使用容易产生序列相关

13. 对于高阶序列相关，可使用的检验方法有（ ）

A. DW检验　B. G-Q检验　C. 回归检验　D. LW检验

14. 下列说法正确的有（ ）

A. 加权最小二乘法是广义最小二乘法的特例

B. 广义最小二乘法是加权最小二乘法的特例

C. 广义最小二乘法是广义差分法的特例

D. 普通最小二乘法是加权最小二乘法的特例

三、判断题

1. 当存在序列相关时，OLS估计量是有偏的也是无效的。（ ）

2. 两个模型，一个是一阶差分形式，一个是水平形式，这两个模型的R^2是不可以直接比较的。（ ）

3. 当模型存在自相关时，可用DW法进行检验，不需要任何前提条件。（ ）

4. DW值在0和4之间，数值越小说明正相关越强，数值越大说明负相关越强。（ ）

5. 用滞后被解释变量作解释变量，若要检验序列相关，DW检验不再适用。（ ）

6. 广义最小二乘法就是广义差分法。（ ）

7. 差分法有时可以消除一阶序列相关。（ ）

8. 可以用g统计量检验是否存在完全一阶序列相关的统计量。（ ）

9. 可行的广义差分法修正序列相关得到的参数估计量满足BLUE性质。（ ）

10. 采用时间序列数据估计模型容易出现序列相关问题。（ ）

四、简答题

1. 在存在一阶自相关的情形下，估计自相关参数ρ有哪些不同的方法？说明每种方法的基本思路。

2. 简述序列相关性带来的后果。

3. 什么是一阶序列自相关？简述DW检验的应用条件。

4. 什么是广义差分法？它的基本思想是什么？

5. 简述序列相关性产生的原因。

五、案例分析题

1. 对于模型 $Y_t = \beta_1 + \beta_2 X_t + \mu_t$，问：

（1）如果用变量的一阶差分法估计该模型，意味着采用了何种自相关形式？

（2）在用一阶差分法估计时，如果包含一个截距项，其含义是什么？

2. 以某地区22年的年度数据估计得到如下工业就业回归方程：

$$Y = -3.89 + 0.51\ln X_1 - 0.25\ln X_2 + 0.62\ln X_3$$
$$(-0.56)(2.3) \qquad (-1.7) \qquad (5.8)$$
$$\bar{R}^2 = 0.996,\ \mathrm{DW} = 1.147$$

其中，Y为总就业量；X_1为总收入；X_2为平均月工资水平；X_3为地方政府的总支出。

（1）试证明：一阶自相关的DW检验是无定论的（取显著性水平 $\alpha = 5\%$）。

（2）逐步描述如何使用LM统计量进行一阶自相关检验。

3. 在研究劳动收入占产业增加值份额随时间变化的问题时，古扎拉蒂考虑了如下模型。

模型A：

$$Y_t = \beta_0 + \beta_1 t + \mu_t$$

模型B：

$$Y_t = \alpha_0 + \alpha_1 t + \alpha_2 t^2 + \mu_t$$

其中，Y为劳动份额；t为时间。根据1949～1964年的数据，对初级金属工业的数据进行回归得到如下结果。

模型A：

$$\hat{Y}_t = 0.452\,9 - 0.004t$$
$$t \qquad (-3.960\,8)$$
$$R^2=0.528\,4，DW=0.825\,2$$

模型B：

$$\hat{Y}_t = 0.367\,7 - 0.052t + 0.152\,3t^2$$
$$t \qquad (-3.272\,4)(2.777\,7)$$
$$R^2=0.662\,9，DW=1.82$$

（1）模型A中有没有序列相关，模型B呢（取显著性水平 $\alpha = 5\%$ ）？

（2）若（1）中有序列相关的情形，产生原因可能是什么？

（3）如何区分“纯粹”自相关和模型假定错误造成的自相关？

4. 考虑下面的中国商品进口回归模型：

$$M_t = \beta_0 + \beta_1 \text{GDP}_t + \mu_t \tag{1}$$

其中，M_t为 t 年的中国商品进口总额；GDP_t为 t 年国内生产总值。利用1978～2001年中国商品进口和GDP数据，对该模型进行OLS估计得到如下结果：

$$\hat{M}_t = 152.91 + 0.02\text{GDP}_t$$
$$(2.32)\quad(20.12) \tag{a}$$
$$R^2=0.948，DW=0.628$$

再用OLS回归残差进行二阶和三阶滞后自回归得到如下两个结果：

$$\hat{e}_t = 1.11e_{t-1} - 0.75e_{t-2}$$
$$t\,(6.434)(-4.013) \tag{b}$$
$$P\,(0.000\,0)(0.000\,7)$$

$$\hat{e}_t = 1.171e_{t-1} - 0.911e_{t-2} + 0.136e_{t-3}$$
$$t\,(4.587)(-1.968)\quad(0.345) \tag{c}$$
$$P\,(0.000\,2)(0.064\,6)(0.734)$$

根据上述回归结果回答如下问题：

（1）原模型（1）是否存在随机误差项的序列相关；如果存在序列相关，请判断是几阶序列相关。

（2）如果存在序列相关，请描述用科克伦–奥克特（Cochrane-Orcutt）迭代法处理序列相关的步骤。

六、上机题

某上市公司的子公司的年销售额Y_t与总公司的年销售额X_t的观测数据如下表所示。

序号	X	Y	序号	X	Y
1	127.3	20.96	11	148.3	24.54
2	130.0	21.40	12	146.4	24.30
3	132.7	21.96	13	150.2	25.00
4	129.4	21.52	14	153.1	25.64
5	135.0	22.39	15	157.3	26.36
6	137.1	22.76	16	160.7	26.98
7	141.2	23.48	17	164.2	27.52
8	142.8	23.66	18	165.6	27.78
9	145.5	24.10	19	168.7	28.24
10	145.3	24.01	20	171.7	28.78

要求：

（1）用最小二乘法估计Y_t关于X_t的回归方程。

（2）用DW检验分析随机误差项是否存在一阶自相关。

（3）用Durbin两步法估计回归模型的参数。

（4）直接用一阶差分法估计回归模型的参数。

第八章

虚拟变量模型

一、单选题

1. 某商品需求函数为$Y_i=\beta_0+\beta_1X_i+\mu_i$，其中$Y$为需求量，$X$为价格。为了考虑“地区”（农村、城市）和“季节”（春、夏、秋、冬）两个因素的影响，拟引入虚拟变量，则应引入的虚拟变量的个数为　　（　　）

A. 2　　B. 4

C. 5　　D. 6

2. 根据样本资料建立某消费函数如下：$\hat{C}_t=100.50+55.35D_i+0.45X_t$。其中，$X$为收入，虚拟变量$D_i=\begin{cases}1, & 城镇家庭\\0, & 农村家庭\end{cases}$，所有参数均检验显著，则城镇家庭的消费函数为（　　）

A. $\hat{C}_t=155.85+0.45X_t$　　B. $\hat{C}_t=100.50+0.45X_t$

C. $\hat{C}_t=100.50+55.35X_t$　　D. $\hat{C}_t=100.95+55.35X_t$

3. 假设某需求函数为$Y_i=\beta_0+\beta_1X_i+\mu_i$，为了考虑“季节”因素（春、夏、秋、冬）的影响，引入4个虚拟变量形成斜率变动模型，则模型的　　（　　）

A. 参数估计能得到唯一解　　B. 参数估计量是有偏估计量

C. 参数估计量是非一致估计量　　D. 参数将无法估计

4. 对于模型$Y_i=\beta_0+\beta_1X_i+\mu_i$，为了考虑“地区”因素（北方、南方），引入2个虚拟变量形成截距变动模型，则会产生　　（　　）

A. 序列的完全相关　　B. 序列的不完全相关

C. 完全多重共线性　　D. 不完全多重共线性

5. 设消费函数$Y_i=\alpha_0+\alpha_1D_i+\beta_0X_i+\beta_1D_iX_i+\mu_i$，其中虚拟变量$D=\begin{cases}1, & 城镇家庭\\0, & 农村家庭\end{cases}$，当统计检验表明下列哪项成立时，表示城镇家庭与农村家庭有相同的消费行为？　　（　　）

A. $\alpha_1=0$，$\beta_1=0$　　B. $\alpha_1=0$，$\beta_1\neq0$

C. $\alpha_1\neq0$，$\beta_1=0$　　D. $\alpha_1\neq0$，$\beta_1\neq0$

6. 设消费函数 $Y_i=\alpha_0+\alpha_1 D_i+\beta X_i+\mu_i$，其中虚拟变量 $D_i=\begin{cases}1, & 北方\\0, & 南方\end{cases}$，如果统计检验表明 $\alpha_1=1$ 成立，则北方的消费函数与南方的消费函数是（　　）

A. 相互平行的　　B. 相互垂直的

C. 相互交叉的　　D. 相互重叠的

7. 假定月收入水平在1 000元以内时，居民边际消费倾向维持在某一水平，当月收入水平达到或超过1 000元时，边际消费倾向将明显下降，则描述消费（C）根据收入（I）变动的线性关系宜采用（　　）

A. $C_t=\alpha_0+\beta_1 I_t+\beta_2 D_t I_t+\mu_t$，$D_t=\begin{cases}0, & I<1000元\\1, & I\geqslant 1000元\end{cases}$

B. $C_t=\alpha_0+\beta_1 D_t+\beta_2 I_t+\mu_t$，$D_t=\begin{cases}0, & I<1000元\\1, & I\geqslant 1000元\end{cases}$

C. $C_t=\alpha_0+\beta_1\left(I_t-I^*\right)D_t+\mu_t$，$I^*=1000元$，$D_t=\begin{cases}0, & I<1000元\\1, & I\geqslant 1000元\end{cases}$

D. $C_t=\alpha_0+\beta_1 I_t+\beta_2\left(I_t-I^*\right)D_t+\mu_t$，$I^*=1000元$，$D_t=\begin{cases}0, & I<1000元\\1, & I\geqslant 1000元\end{cases}$

8. 虚拟变量（　　）

A. 可以用来反映战争、自然灾害等定性因素对被解释变量的影响

B. 反映的定性因素只能有两种类别，通常肯定类别赋值为1，否定类别赋值为0

C. 在模型中只能用字母D表示

D. 不能用来反映不同时期变量关系的变化

9. 如果一个模型中不包含截距项，对一个具有m个特征的质的因素可以引入虚拟变量的个数最多为（　　）

A. m个　　B. $m-1$个

C. $m-2$个　　D. $m+1$个

10. 若要反映不同情形的定性因素对斜率的影响，则应以什么方式引入虚拟变量？（　　）

A. 加法方式　　B. 乘法方式

C. 临界指标方式　　D. 加法、乘法方式同时使用

11. “虚拟变量陷阱”是指模型出现了（　　）

A. 随机解释变量问题　　B. 异方差性

C. 自相关　　D. 完全多重共线性

12. 假设某商品的需求函数是 $S_t=\beta_0+\beta_1 P_t+\mu_t$，其中$S$为需求量，$P$为价格。为了考虑地区（城市、农村）和季节（春、夏、秋、冬）2个因素的影响，拟用加法方式引入6个虚拟变量，则模型的（　　）

A. 参数估计量将达到最大精度　　B. 参数估计量是有偏估计量

C. 参数估计量是非一致估计量　　D. 参数将无法估计

13. 在经济转折时期，可以通过引入虚拟变量来表示这种变化，现以2008年为转折时期，设虚拟变量为2008年及以后D_t=1，2008年以前D_t=0，数据散点图显示消费函数发生了结构性变化，基本消费部分下降了，边际消费倾向变大了，则城镇局部线性消费函数的理论方程可以写为（　　）

A. $Y_t=\beta_0+\beta_1X_t+\mu_t$　　B. $Y_t=\beta_0+\beta_1X_t+\beta_2D_tX_t+\mu_t$

C. $Y_t=\beta_0+\beta_1X_t+\beta_2D_t+\mu_t$　　D. $Y_t=\beta_0+\beta_1X_t+\beta_2D_t+\beta_3D_tX_t+\mu_t$

14. 当截距和斜率都变动的模型 $Y_t=\beta_0+\beta_1X_t+\beta_2D_t+\beta_3D_tX_t+\mu_t$ 退化为截距变动的模型时，能通过统计检验的是（　　）

A. $\beta_2=0$，$\beta_3=0$　　B. $\beta_2\neq0$，$\beta_3\neq0$

C. $\beta_2\neq0$，$\beta_3=0$　　D. $\beta_2=0$，$\beta_3\neq0$

15. 若随着解释变量的变动，被解释变量的变动存在2个转折点，即有3种变化模式，则在分段线性回归模型中，应引入虚拟变量的个数为（　　）

A. 1个　　B. 2个

C. 3个　　D. 4个

16. 没有截距项的线性回归模型中包含一个定性变量，并且该变量有3个特征，则在回归模型中，可引入的虚拟变量的个数为（　　）

A. 1或2个　　B. 3或4个

C. 2或3个　　D. 4个

二、多选题

1. 关于虚拟变量，下列表述正确的有（　　）

A. 是质的因素的数量变化　　B. 一般情况下取值为1和0

C. 主要代表质的因素　　D. 在有些情况下可以代表数量因素

2. 在线性模型中引入虚拟变量，可以反映（　　）

A. 截距项变动　　B. 斜率变动

C. 截距项和斜率同时变动　　D. 分段回归

3. 关于虚拟变量设置原则，下列表述正确的有（　　）

A. 当定性因素有m个类别时，引入$m-1$个虚拟变量

B. 当定性因素有m个类别时，引入m个虚拟变量，会产生多重共线性问题

C. 虚拟变量的值只能取0和1

D. 在虚拟变量的设置中，基础类别一般取值为1

4. 在衣着消费支出模型$Y_t=\alpha_1+\alpha_2D_{2t}+\alpha_3D_{3t}+\alpha_4D_{2t}D_{3t}+\beta X_t+\mu_t$中，$Y_t$为衣着消费支出，$X_t$为收入，虚拟变量$D_{2t}$=（1，女性；0，男性），$D_{3t}$=（1，本科及以上学历；0，本科以下学历）。关于模型的参数，下列说法正确的是（　　）

A. α_2表示其他条件不变时，本科以下学历者中女性比男性在衣着消费支出方面多（少）支出的差额

B. α_3表示其他条件不变时，男性中本科及以上学历者比本科以下学历者在衣着消费支出方面多（少）支出的差额

C. α_4表示其他条件不变时，女性本科及以上学历者比男性本科以下学历者在衣着消费支出方面多（少）支出的差额

D. $\alpha_4 D_{2t} D_{3t}$反映虚拟变量的交互效应，在两个虚拟变量的取值都是1时发挥作用

5. “虚拟变量陷阱”是指模型出现了（　　）

A. 完全多重共线性

B. 近似多重共线性

C. 虚拟变量个数与定性因素类别个数相同

D. 虚拟变量个数小于定性因素类别个数

6. 关于引入虚拟变量D的线性回归模型$Y_i=\alpha_0+\alpha_1 X_i+\alpha_2 D_i(X_i-X^*)+\mu_i$，下列说法正确的是（　　）

A. 是Y对X的分段回归

B. 以一个方程反映两条截距、斜率都不相同的直线

C. 以$X_i=X^*$为界，前后两段回归直线的斜率不同

D. 以$X_i=X^*$为界，前后两段回归直线的截距不同

7. 下面关于虚拟变量的交互效应的说法，正确的是（　　）

A. 在模型中引入两个及以上虚拟变量作解释变量时才有可能出现

B. 会影响OLS估计量的小样本性质

C. 通过虚拟变量相乘反映

D. 即虚拟变量陷阱

三、判断题

1. 在回归模型$Y_i=\beta_0+\beta_1 X_i+\beta_2 D_i+\mu_i$中，如果虚拟变量$D_i$的取值为0或2，而非通常情况下的0或1，那么，参数β_0、β_1、β_2的估计值将减半。（　　）

2. 在引入虚拟变量后，OLS估计量的性质受到了影响。（　　）

3. 在模型$Y_i=\alpha_0+\alpha_1 D_i+\beta X_i+\mu_t$中，令虚拟变量$D_i$取值为（0，2），而不是（0，1），则参数$\alpha_1$的估计值将减半，$t$值也将减半。（　　）

4. 引入虚拟变量的个数与样本容量无关。（　　）

5. 虚拟变量用来表示具有若干属性的变量。（　　）

6. 通过虚拟变量将定性因素引入模型，可引入虚拟变量的个数与有无截距项无关。（　　）

7. 虚拟变量只能作解释变量。（　　）

8. 一元线性回归模型中解释变量可以是虚拟变量。（　　）

9. 虚拟变量的值只能取0和1。（　　）

10. 职称变量是虚拟变量。（　　）

11. 若引入虚拟变量是为了反映斜率变动，应以加法方式引入。（　　）

12. 虚拟变量系数的显著性检验与其他数值变量是一样的。（　　）

13. 引入虚拟变量后，OLS估计量只有在大样本情况下才是无偏的。（　　）

四、简答题

1. 什么是虚拟变量？它在模型中有什么作用？

2. 引入虚拟变量的两种基本方式是什么？各适用于什么情况？

3. 什么情况下会出现虚拟变量陷阱？

五、案例分析题

1. 一个由容量为209的样本估计的解释CEO薪水的方程为

$$\ln Y = 4.59 + 0.257\ln X_1 + 0.011X_2 + 0.158D_1 + 0.181D_2 - 0.283D_3$$
$$(15.3)\ (8.03)\qquad (2.75)\qquad (1.775)\quad (2.130)\ (-2.895)$$

其中，Y表示年薪水平（单位：万元）；X_1表示年销售收入（单位：万元）；X_2表示公司股票收益（单位：万元）；D_1、D_2、D_3均为虚拟变量，分别表示金融业、消费品行业、公用事业。假定对比行业为交通运输业。

（1）解释三个虚拟变量参数的经济含义。

（2）保持X_1和X_2不变，计算公用事业和交通运输业之间估计薪水的近似百分比差异。这个差异在1%的显著性水平下是统计显著的吗？

（3）消费品行业和金融业之间估计薪水的近似百分比差异是多少？写出一个能使你

直接检验这个差异是否统计显著的方程。

2. 为了研究体重与身高的关系，某学校随机抽样调查了51名学生（男生36名，女生15名），并得到如下两种回归模型：

$$\begin{gathered} W = -232.065\,51 + 5.566\,2h \\ (-5.21) \qquad (8.62) \end{gathered} \tag{a}$$

$$\begin{gathered} W = -122.962\,1 + 23.823\,8D + 3.740\,2h \\ (-2.59) \quad (4.01) \qquad (5.16) \end{gathered} \tag{b}$$

其中，W表示体重（单位：磅）；h表示身高（单位：英寸）；虚拟变量D=1表示男，D=0表示女。

回答下面的问题：

（1）你将选择哪个模型？为什么？

（2）如果模型（b）确实更好而你选择了（a），你犯了什么错误？

（3）D的系数说明了什么？

3. 假设当利率$r<0.08$时，投资I取决于利润X；当利率$r\geqslant 0.08$时，投资I同时取决于利润X和一个固定的级差利润R。试用一个合适的模型来表达上述关系，并简述如何对利率的影响进行检验。

4. 根据美国1961年第1季度至1977年第2季度的季度数据，我们得到了如下的咖啡需求函数的回归方程：

$$\widehat{\ln Q_t} = 1.278\,9 - 0.164\,7\ln P_t + 0.511\,5\ln I_t + 0.148\,3\ln P_t' - 0.008\,9t - 0.096D_{1t}$$
$$(-2.14) \qquad (1.23) \qquad (0.55) \qquad (-3.36)\ (-3.74)$$
$$-0.157\,0D_{2t} \qquad -0.009\,7D_{3t}$$
$$(-6.03) \qquad (-0.37)$$
$$R^2 = 0.80$$

其中，Q为人均咖啡消费量；P为咖啡的价格；I为人均收入；P'为茶的价格；t为时间变量（1961年第1季度为1，…，1977年第2季度为66）；$D_1 = \begin{cases} 1，第1季度 \\ 0，其他 \end{cases}$；$D_2 = \begin{cases} 1，第2季度 \\ 0，其他 \end{cases}$；$D_3 = \begin{cases} 1，第3季度 \\ 0，其他 \end{cases}$。

要求回答下列问题$[t_{0.025}(62) = 2.00]$：

（1）模型中P、I和P'的系数的经济含义是什么？

（2）咖啡的价格需求是否很有弹性？

（3）咖啡和茶是互补品还是替代品？

（4）如何解释时间变量t的系数？

（5）如何解释模型中虚拟变量的作用？

（6）哪些虚拟变量在统计上是显著的？

（7）咖啡的需求是否存在季节效应？

5. Sen和Srivastava在1971年研究贫富国之间期望寿命的差异时，利用101个国家的数据，得到了如下的回归结果：

$$\hat{Y}_i = -2.4 + 9.39\ln X_i - 3.36\,[D_i(\ln X_i - 7)]$$
$$t \quad (4.37)\,(0.857)\,(2.42)$$
$$R^2 = 0.752$$

其中，X为以美元计的人均收入；Y为以年计的期望寿命；富国D_i=1，贫穷国D_i=0。

Sen和Srivastava认为人均收入的临界值为1 097（ln1 097=7），若人均收入超过1 097美元，则被认为是富国，若人均收入不超过1 097美元，则被认为是贫穷国。

（1）解释回归结果。

（2）在回归方程中引入D_i（$\ln X_i-7$）的原因是什么？如何解释这个解释变量？

（3）如果定义富国$D_i=0$，贫穷国$D_i=1$，则引入虚拟变量的形式如何？回归结果又如何？

6. 用季度数据估计某地区市场的汽油销售量，结果如下：

$$\hat{Q}=70-0.01P+0.2Y-1.5S_1+3.6S_2+4.7S_3$$

其中，Q为销售量；P为价格；Y为可支配收入；S_i为第i季度虚拟变量$(i=1,2,3)$。P和Y的下一年度的预期值如下表所示。

季度	1	2	3	4
P	110	116	122	114
Y	100	102	104	103

（1）计算下一年各季度汽油销售的预期值。

（2）若用同样的数据和模型，但引入S_2、S_3、S_4这三个虚拟变量，估计结果如何？

（3）如果去掉截距项而用四个季节虚拟变量，估计结果又如何？

7. 为了研究Belize在1970～1992年的人口增长，Mukherjee等估计了如下模型。

模型（1）：

$$\ln Y_t=4.37+0.024t$$
$$t\ (781.25)\ (54.71)$$
$$R^2=0.96$$

模型（2）：

$$\ln Y_t=4.77+0.015t-0.075D_t+0.011D_t t$$
$$t\ (2\,477.92)\ (54.71)\ (-17.03)\ (25.54)$$
$$R^2=0.98,\ F=321$$

其中，t为时间趋势；Y_t为t年的人口数量（10^6人）；D_t对t从1987年开始的观测值取值1，对此前的观测值取值0（α=5%）。

（1）在模型（1）中，Belize人口在样本期的增长率是多少？

（2）1978年之前与之后的Belize人口增长率在统计上不同吗？为什么？

（3）1978年之前和之后Belize人口增长率分别为多少？

六、上机题

1. 下表给出了1965～1970年美国制造业利润和销售额的季度数据。假定利润不仅和销售额有关，还与季度因素有关。要求对下列两种情况分别估计利润模型：

（1）如果认为季度因素使利润平均值发生变异，应该如何引入虚拟变量？

（2）如果认为季度因素使利润对销售额的变化率发生变异，如何引入虚拟变量？

季度	利润Y	销售额X	季度	利润Y	销售额X
1965年第1季度	10 503	114 862	1968年第1季度	12 539	148 826
1965年第2季度	12 092	123 968	1968年第2季度	14 849	158 913
1965年第3季度	10 834	121 454	1968年第3季度	13 203	155 727
1965年第4季度	12 201	131 917	1968年第4季度	14 947	168 409
1966年第1季度	12 245	139 911	1969年第1季度	14 151	162 781
1966年第2季度	14 001	140 976	1969年第2季度	15 949	176 057
1966年第3季度	12 213	137 828	1969年第3季度	14 024	172 419
1966年第4季度	12 820	145 645	1969年第4季度	14 315	183 327
1967年第1季度	11 349	136 989	1970年第1季度	12 381	170 415
1967年第2季度	12 615	145 126	1970年第2季度	13 991	181 313
1967年第3季度	11 014	141 536	1970年第3季度	12 174	176 712
1967年第4季度	12 730	151 776	1970年第4季度	10 985	180 370

2. 下表是1982～1985年的各季度全国酒销售量Y_i的数据。

季度i	酒销售量Y_i/万吨	时间t	季度i	酒销售量Y_i/万吨	时间t
1982年第1季度	92.7	1	1984年第1季度	107.9	9
1982年第2季度	79.3	2	1984年第2季度	96.7	10
1982年第3季度	80.1	3	1984年第3季度	97.8	11
1982年第4季度	86.7	4	1984年第4季度	93.6	12
1983年第1季度	104.1	5	1985年第1季度	111.5	13
1983年第2季度	89.7	6	1985年第2季度	98.4	14
1983年第3季度	90.2	7	1985年第3季度	98.7	15
1983年第4季度	90.2	8	1985年第4季度	94.0	16

试建立酒销售量Y_i对时间t的季度销售模型，并回答下面问题：

（1）画出酒销售量随时间变化的序列图，根据图形能得到什么结论？

（2）考虑季度因素对酒需求量的影响，应该如何引入虚拟变量？试估计分析。

（3）检验模型中时间t的斜率是否随季度变化，应如何引入虚拟变量？试估计分析。

第九章

滞后变量模型

一、单选题

1. 下列属于有限分布滞后模型的是 （　　）

A. $Y_t=\alpha+\beta_0X_t+\beta_1Y_{t-1}+\beta_2Y_{t-2}+\cdots+\mu_t$

B. $Y_t=\alpha+\beta_0X_t+\beta_1Y_{t-1}+\beta_2Y_{t-2}+\cdots+\beta_kY_{t-k}+\mu_t$

C. $Y_t=\alpha+\beta_0X_t+\beta_1X_{t-1}+\beta_2X_{t-2}+\cdots+\mu_t$

D. $Y_t=\alpha+\beta_0X_t+\beta_1X_{t-1}+\beta_2X_{t-2}+\cdots+\beta_kX_{t-k}+\mu_t$

2. 消费函数模型 $\hat{C}_t=400+0.5I_t+0.3I_{t-1}+0.1I_{t-2}$，其中$I$为收入，则当期收入$I_t$对未来消费$C_{t+2}$的影响是，$I_t$增加1单位，$C_{t+2}$增加 （　　）

A. 0.5单位　　B. 0.3单位

C. 0.1单位　　D. 0.9单位

3. 在分布滞后模型 $Y_t=\alpha+\beta_0X_t+\beta_1X_{t-1}+\beta_2X_{t-2}+\cdots+\beta_kX_{t-k}+\mu_t$ 中，动态乘数为 （　　）

A. β_0　　B. $\beta_i\left(i=1,2,\cdots,k\right)$

C. $\sum_{i=1}^{k}\beta_i$　　D. $\sum_{i=0}^{k}\beta_i$

4. 在分布滞后模型的估计中，最可能出现的问题为 （　　）

A. 异方差问题　　B. 自相关问题

C. 多重共线性问题　　D. 随机解释变量问题

5. 自适应预期模型基于如下的理论假设：影响被解释变量Y_t的因素不是X_t，而是关于X_t的预期 X_t^*，且预期 X_t^* 形成的过程是 $X_t^*-X_{t-1}^*=\gamma\left(X_t-X_{t-1}^*\right)$。其中 $0<\gamma<1$，γ 被称为 （　　）

A. 衰减率　　B. 预期系数

C. 调整因子　　D. 预期误差

6. 在模型 $Y_t=\beta_0+\beta_1X_t+\beta_2X_{t-1}+\cdots+\beta_kX_{t-k-1}+\mu_t$ 中，系数 β_1 为 （　　）

A. 长期乘数　　B. 动态乘数

C. 均衡乘数　　D. 短期乘数

7. 有限自回归模型一般不存在下列哪个问题？ （　　）

A. 随机解释变量问题　　B. 近似多重共线性问题

C. 序列相关问题　　D. 完全多重共线性问题

8. Koyck变换是将无限分布滞后模型 $Y_t=\alpha+\sum_{i=0}^{\infty}\beta_i X_{t-i}+\mu_t$ 转换为自回归模型，然后进行估计，这里假设偏回归系数按几何衰减，即 $\beta_i=\beta_0\lambda^i$，$0<\lambda<1$，则 $1-\lambda$ 称为（　　）

A. 衰减率　　B. 调整速率
C. 预期系数　　D. 待估参数

9. 对于Koyck变换得到的自回归模型与自适应预期模型，估计方法可采用（　　）

A. 加权最小二乘法　　B. 广义差分法
C. 普通最小二乘法　　D. 工具变量法

10. 用于格兰杰因果关系检验的统计量为（　　）

A. $t=\dfrac{\hat{\beta}_i}{S_{\hat{\beta}_i}}$　　B. $F=\dfrac{\text{ESS}/k}{\text{RSS}/(n-k-1)}$

C. $F=\dfrac{(\text{RSS}_R-\text{RSS}_U)/m}{\text{RSS}_U/(n-k)}$　　D. 同时应用A和C

11. 对于模型 $Y_t=\alpha+\beta_0X_t+\beta_1X_{t-1}+\cdots+\beta_kX_{t-k}+\mu_t$，如果其参数 β_i 可以用一个关于滞后长度 i（i=0，1，2，⋯，k）的多项式表示，则称此模型为（　　）

A. 有限多项式分布滞后模型　　B. 无限多项式分布滞后模型
C. 自适应预期模型　　D. Koyck变换模型

12. 格兰杰因果关系检验使用的数据是（　　）

A. 截面数据　　B. 时间序列数据
C. 面板数据　　D. 截面数据或时间序列数据

13. 当分布滞后模型的随机扰动项满足古典线性模型的假定时，下面哪个模型可以直接用OLS法来估计参数？（　　）

A. $Y_t=\alpha+\beta_0X_t+\beta_1X_{t-1}+\cdots+\beta_sX_{t-s}+\mu_t$

B. $Y_t=(1-\lambda)\alpha+\beta_0X_t+\lambda Y_{t-1}+\mu_t-\lambda\mu_{t-1}$

C. $Y_t=\delta\beta_0+\delta\beta_1X_t+(1-\delta)Y_{t-1}+\delta\mu_t$

D. $Y_t=\alpha+\beta_0\sum_{i=0}^{\infty}\lambda^iX_{t-i}+\mu_t$

14. 在模型 $Y_t=\alpha+\beta_0X_t+\beta_1X_{t-1}+\cdots+\beta_sX_{t-s}+\mu_t$ 中，$\beta_0+\beta_1+\cdots+\beta_s$ 称为（　　）

A. 长期乘数　　B. 短期乘数
C. 即期乘数　　D. 延迟乘数

15. 下面哪种模型的一阶线性自相关性可用DW法检验？（　　）

A. Koyck变换模型　　B. 有限多项式滞后模型
C. 自适应预期模型　　D. 局部调整模型

16. 在有限分布滞后模型 $Y_t=\alpha+\beta_0X_t+\beta_1X_{t-1}+\cdots+\beta_kX_{t-k}+\mu_t$ 中，通过把参数 β_i 表示成一个关于滞后长度 i（i=0，1，2，⋯，k）的有限多项式，从而克服了原分布滞后模

型估计中的 （　　）

A. 异方差性问题　　B. 多重共线性问题

C. 自相关性问题　　D. 由于包括无穷多个参数而不可能估计的问题

17. 在分布滞后模型$Y_t=\alpha+\beta_0 X_t+\beta_1 X_{t-1}+\beta_2 X_{t-2}+\beta_3 X_{t-3}+\mu_t$中，为了使模型$t$检验的自由度达到30，必须拥有多少年的样本观测资料？ （　　）

A. 30　　B. 32

C. 35　　D. 38

18. 对于有限分布滞后模型$Y_t=\alpha+\beta_0 X_t+\beta_1 X_{t-1}+\cdots+\beta_k X_{t-k}+\mu_t$，参数$\beta_i$（$i$=0，1，2，…，$k$）可用$m$阶Almon多项式表示，则$m$必须满足 （　　）

A. $m=k$　　B. $m<k$

C. $m>k$　　D. $m=0$

19. 在Koyck变换模型和自适应预期模型中，假设原始模型的随机扰动项满足古典线性模型的所有假定，关于滞后被解释变量Y_{t-1}和随机扰动项μ_t^*，下列说法正确的是 （　　）

A. Cov（Y_{t-1}，μ_t^*）=0，Cov（μ_t^*，μ_{t-1}^*）=0

B. Cov（Y_{t-1}，μ_t^*）=0，Cov（μ_t^*，μ_{t-1}^*）≠0

C. Cov（Y_{t-1}，μ_t^*）≠0，Cov（μ_t^*，μ_{t-1}^*）=0

D. Cov（Y_{t-1}，μ_t^*）≠0，Cov（μ_t^*，μ_{t-1}^*）≠0

20. 对于有限分布滞后模型，解释变量的滞后长度每增加1期，可利用的样本数据就 （　　）

A. 增加1个　　B. 减少1个

C. 增加2个　　D. 减少2个

21. 对于无限分布滞后模型$Y_t=\alpha+\sum_{i=0}^{\infty}\beta_i X_{t-i}+\mu_t$，Koyck假定$\beta_i=\lambda^i\beta_0$，$0<\lambda<1$，则长期乘数为 （　　）

A. $\beta_0/(1-\lambda)$　　B. $1/(1-\lambda)$

C. $(1-\lambda)$　　D. $\sum\beta_i/(1-\lambda)$

22. 对Koyck变换模型$Y_t=(1-\lambda)\alpha+\beta_0 X_t+\lambda Y_{t-1}+\mu_t-\lambda\mu_{t-1}$，令$V_t=\mu_t-\lambda\mu_{t-1}$，则可用作$Y_{t-1}$的工具变量的为 （　　）

A. X_t　　B. X_{t-1}

C. Y_t　　D. V_t

23. 如果随机扰动项满足古典线性回归模型的所有假定，则OLS估计量是非一致估计量的模型是 （　　）

A. 多元线性回归模型　　B. C-D生产函数模型

C. 自适应预期模型　　D. 局部调整模型

24. 对于有限分布滞后模型$Y_t=\alpha+\beta_0 X_t+\beta_1 X_{t-1}+\cdots+\beta_k X_{t-k}+\mu_t$，应用Almon多项式变换估计模型时，假设回归系数β_i（i=0，1，2，…，k）为 （　　）

A. $\beta_i=\alpha_0+\alpha_1 i+\alpha_2 i^2+\cdots+\alpha_m i^m$

B. $\beta_i=\beta_0\lambda^i$

C. 依据递减的方式分别将系数β_i赋值如下：$\beta_i=1/(i+1)$

D. 所有系数β_i都固定为$1/k$

二、多选题

1. 需要用工具变量法进行估计的自回归分布滞后模型有 (　　)

A. 不经变换的无限分布滞后模型　B. 有限期分布滞后模型

C. Koyck变换模型　D. 自适应预期模型

2. 不能直接应用OLS估计分布滞后模型的原因有 (　　)

A. 对于无限期滞后模型，没有足够的样本

B. 对于有限期滞后模型，没有先验准则确定滞后期的长度

C. 可能存在多重共线性问题

D. 滞后期较长的分布滞后模型，缺乏足够的自由度进行统计检验

3. 有限分布滞后模型的修正估计方法有 (　　)

A. 经验加权法　B. Almon多项式法

C. Koyck方法　D. 帕斯卡方法

4. 关于自回归模型，下列表述正确的有 (　　)

A. 估计自回归模型时的主要问题在于，滞后被解释变量的存在可能导致它与随机干扰项相关，以及随机干扰项出现序列相关

B. Koyck模型和自适应预期模型都存在随机解释变量与随机干扰项同期相关问题

C. 局部调整模型中随机解释变量与随机干扰项没有同期相关，因此可以应用OLS估计

D. 无限期分布滞后模型通过一定的方法可以转换为一阶自回归模型

5. 对于有限分布滞后模型，使用Almon多项式变换可以 (　　)

A. 减弱多重共线性　B. 减弱异方差性

C. 避免因参数过多而自由度不足　D. 使估计量由有偏变为无偏

6. 在模型$Y_t=\alpha+\beta_0X_t+\beta_1X_{t-1}+\beta_2X_{t-2}+\beta_3X_{t-3}+\mu_t$中，延迟乘数为 (　　)

A. β_0　B. β_1

C. β_2　D. β_3

7. 自适应预期模型、局部调整模型和Koyck变换模型的最终形式具有的共同特点是 (　　)

A. 具有相同的解释变量　B. 均可用OLS估计参数

C. 仅有三个参数需要估计　D. 都是自回归模型

8. 格兰杰因果关系检验可检验 (　　)

A. X对Y有单向影响　B. Y对X有单向影响

C. X与Y有双向影响　D. X与Y不存在影响

9. 关于Almon多项式变换法，下列说法正确的是　(　　)

A. 适合有限分布滞后模型　B. 适合无限分布滞后模型

C. $\beta_i = \alpha_0 + \alpha_1 i + \alpha_2 i^2 + \ldots + \alpha_m i^m$　D. $\beta_i = \beta_0 \lambda^i$

三、判断题

1. 有限分布滞后模型可以采用经验加权法对滞后变量的系数赋值，这种方法简单易行。　(　　)

2. Almon多项式法主要针对无限分布滞后模型，主要通过Almon变换，定义新变量，减少解释变量个数，从而估计出参数。　(　　)

3. Koyck变换可以将有限分布滞后模型转换为一阶自回归模型，从而缓解多重共线性问题。　(　　)

4. 实际中，许多滞后变量模型都可以转化为自回归模型，自回归模型是经济生活中较常见的模型。　(　　)

5. 格兰杰因果关系检验的原假设是被检验的变量之间存在因果关系。　(　　)

6. 在模型中引入解释变量的多个滞后项容易引起多重共线性。　(　　)

7. 自适应预期模型、局部调整模型和Koyck变换模型的最终形式都需要使用工具变量法估计参数。　(　　)

8. 格兰杰因果关系检验只能检验单向因果关系。　(　　)

9. 自回归模型一般有随机解释变量问题。　(　　)

10. 局部调整模型实质上是一种无限分布滞后模型。　(　　)

11. 可用工具变量法来估计有限分布滞后模型。　(　　)

12. 受样本容量限制，无法直接估计无限分布滞后模型。　(　　)

13. 在局部调整模型中，滞后被解释变量与随机干扰项同期无关。　(　　)

14. 在自适应预期模型中，滞后被解释变量与随机干扰项同期无关。　(　　)

四、简答题

1. 滞后变量模型的作用是什么?

2. 有限分布滞后模型估计的困难是什么?

3. 经验加权法有什么优缺点？通常的做法是什么？

4. 什么是有限分布滞后模型参数估计经验加权法？常见的权数有哪几种？

5. 产生滞后效应的原因有哪些？

6. Koyck变换的意义是什么？

7. Koyck变换模型、自适应预期模型和局部调整模型有何异同？模型估计会遇到什么困难？怎样解决？

8. 滞后变量模型有哪几种类型？分别可用什么方法估计参数？

五、案例分析题

1. 假设货币需求关系式为 $M_t=\alpha+\beta Y_t^*+\gamma R_t$，其中，$M_t$为时间$t$的实际现金余额；$Y_t^*$、$Y_t$分别为时间$t$的期望收入和实际收入；$R_t$为时间$t$的利率。根据适应规则，$Y_t^*=\lambda Y_{t-1}+(1-\lambda)Y_{t-1}^*+\mu_t$，$0<\lambda<1$。已知$Y_t$、$M_t$、$R_t$的数据，但$Y_t^*$的数据未知。

（1）建立一个可以用于估计α、β、γ、λ的计量模型。

（2）假设$E(\mu_t)=0, E(\mu_t^2)=\sigma^2, E(\mu_t\mu_{t-s})=0, s\neq 0$；$Y_{t-1}$、$R_t$、$M_{t-1}$和$R_{t-1}$与$\mu_t$都不相关。OLS估计量：①是无偏的吗；②是一致的吗？为什么？

（3）假设$\mu_t=\rho\mu_{t-1}+\varepsilon_t, \varepsilon_t$满足经典假设。那么，本题中OLS估计量：①是无偏的吗；②是一致的吗？为什么？

2. 一个估计某行业CEO薪水的回归模型如下：

$$\ln Y=\beta_0+\beta_1\ln X_1+\beta_2\ln X_2+\beta_3X_3+\beta_4X_4+\beta_5X_5+\mu$$

其中，Y为年薪；X_1为公司的销售收入；X_2为公司市值；X_3为利润占销售的百分比；X_4为其就任该公司CEO的年数；X_5为其在该公司的年数。

用一容量为177的样本数据估计得到R^2=0.353。如果添加X_4^2和X_5^2，R^2=0.375。问：此模型是否有设定错误？试以10%和5%的显著性水平进行检验。

3. 假设某投资函数为

$$I_t = \alpha + \beta_0 X_t + \beta_1 X_{t-1} + \beta_2 X_{t-2} + \cdots + \beta_5 X_{t-5} + \mu_t$$

其中，I_t为t期的投资；X_t表示t期的销售量。假定滞后变量的权数类型为倒V形，试设定一组权系数，说明如何使用经验加权法估计模型参数。

4. 有下列回归模型。

投资函数：

$$\hat{I}_t = 120 + 0.6X_t + 0.8X_{t-1} + 0.4X_{t-2} + 0.2X_{t-3}$$

消费函数：

$$\hat{Y}_t = 280 + 0.58X_t + 0.12Y_{t-1}$$

其中，I_t为投资；X_t为收入；Y_t为消费。

（1）计算投资的短期乘数和长期乘数，并说明其经济学意义。

（2）计算消费的短期乘数和长期乘数，并说明其经济学意义。

5. 考虑以下模型：

$$Y_t = \beta_1 + \beta_2 X_t + \beta_3 X_{t-1} + \beta_4 X_{t-2} + \beta_5 X_{t-3} + \beta_6 X_{t-4} + \mu_t$$

其中，Y为消费；X为收入；t为时间下标。

（1）请解释该模型的含义。

（2）该模型在估计中可能会遇到哪些问题?

（3）如何克服（2）中的问题?

6. 根据某行业1991～2010年的库存量Y和销售量X的资料，运用EViews软件得如下回归结果，要求：

（1）填写表中空白处的数值。

（2）用标准书写格式写出估计模型的表达式。

（3）求库存量Y对销售量X的短期乘数、动态乘数和长期乘数，同时给出经济解释。

（4）根据所给资料对估计模型进行评价（包括经济意义、拟合效果、显著性检验等）。

Dependent Variable: *Y*

Method: Least Squares

Date: 01/27/13　Time: 16:50

Sample （adjusted）: 1994 2010

Included observations: 17 after adjustments

Variable	Coefficient	Std. Error	*t*-Statistic	Prob.
C	−71. 407 54	19. 929 88		0. 003 3
PDL01	1. 131 142	0. 179 991		0. 000 0
PDL02	0. 037 739	0. 162 457		0. 819 9
PDL03	−0. 432 155	0. 166 464		0. 022 2

R-squared	0. 996 797	Mean dependent var	818. 690 0
Adjusted *R*-squared		S. D. dependent var	279. 917 4
S. E. of regression	17. 574 58	Akaike info criterion	8. 773 108
Sum squared resid	4 015. 254	Schwarz criterion	8. 969 158
Log likelihood	−70. 571 42	Hannan-Quinn criter.	8. 792 596
F-statistic		Durbin-Watson stat	1. 848 202
Prob（*F*-statistic）	0. 000 000		

Lag Distribution of *X*		*i*	Coefficient	Std. Error	*t*-Statistic
.　　* 　　|		0	0. 661 25	0. 165 48	
.　　　　*|		1	1. 131 14	0. 179 99	
.　　　* 　|		2	0. 736 73	0. 164 28	
*　　.　　　　|		3	−0. 522 00	0. 234 81	
	Sum of Lags		2. 007 11	0. 063 30	31. 706 5

六、上机题

下表给出了某地区某行业的库存Y和销售X的统计资料。假设库存额依赖于本年销售额与前三年的销售额，试用Almon变换估计有限分布滞后模型：

$$Y_t = \alpha + \beta_0 X_t + \beta_1 X_{t-1} + \beta_2 X_{t-2} + \beta_3 X_{t-3} + \mu_t$$

年份	库存Y/万元	销售额X/万元	年份	库存Y/万元	销售额X/万元
1980	11 267	8 827	1990	17 053	13 668
1981	12 661	9 247	1991	19 491	14 956
1982	12 968	9 579	1992	21 164	15 483
1983	12 518	9 093	1993	22 719	16 761
1984	13 177	10 073	1994	24 269	17 852
1985	13 454	10 265	1995	25 411	17 620
1986	13 735	10 299	1996	25 611	18 639
1987	14 553	11 038	1997	26 930	20 672
1988	15 011	11 677	1998	30 218	23 799
1989	15 846	12 445	1999	36 784	27 359

第十章

时间序列分析

一、单选题

1. 弱平稳时间序列需要满足的条件不包括 (　　)

A. $E(X_t)=\mu$　　B. $\mathrm{Var}(X_t)=\sigma^2$

C. $X_t \sim N(0,\sigma^2)$　　D. $\mathrm{Cov}(X_t, X_{t+k})=\gamma_k$

2. 一阶自回归过程AR(1)在下列哪种条件下是一个平稳过程 (　　)

A. $|\rho|<1$　　B. $|\rho|>1$

C. $|\rho|=1$　　D. $|\rho|\neq 1$

3. 一个随机游走序列 $y_t = y_{t-1} + \varepsilon_t$（$t$=1，2，…）其中，假定扰动项 ε_t 是零均值、同方差为 σ^2 的独立同分布序列。那么，该随机游走序列的方差是 (　　)

A. σ^2　　B. $t\sigma^2$

C. $t^2\sigma^2$　　D. $\dfrac{\sigma^2}{t}$

4. 带漂移的随机游走序列 $y_t = \alpha_0 + y_{t-1} + \varepsilon_t$（$t$=1，2，…），$y_t$ 的期望值 $E(y_t)$ 是 (　　)

A. $E(y_0)$　　B. $\alpha_0 + tE(y_0)$

C. $tE(y_0)$　　D. $\alpha_0 t + E(y_0)$

5. 只有少数经济指标的时间序列表现为平稳的，大多数指标的时间序列是非平稳的，下列哪个时间序列常常表现为1阶单整？ (　　)

A. 利率　　B. 不变价格表示的消费或收入

C. 当年价表示的消费或收入　　D. 存量经济指标

6. 某一时间序列经一次差分变换成平稳时间序列，此时间序列为 (　　)

A. 1阶单整　　B. 2阶单整

C. 0阶单整　　D. 非单整序列

7. 如果两个变量都是一阶单整的，则 (　　)

A. 这两个变量一定存在协整关系

B. 这两个变量一定不存在协整关系

C. 相应的误差修正模型一定成立

D. 是否存在协整关系还需进行检验

8. 平稳性检验的方法有 （　　）

A. LM检验　　B. White检验

C. 单位根检验　　D. DW检验

9. 下列关于误差修正模型说法不正确的是 （　　）

A. 误差修正模型反映长期均衡关系的短期调整

B. 误差修正模型的构建要求变量一阶单整且存在协整关系

C. 误差修正项的系数可正可负

D. 误差修正模型中的变量都是平稳的

10. 关于AR(1)的随机过程 $X_t = \alpha + \beta t + \rho X_{t-1} + \varepsilon_t$（$t$=1,2,⋯），下列说法正确的是 （　　）

A. 如果 $\beta = 0, \rho = 1$，X_t 成为带漂移的随机游走过程。根据 α 的正负，X_t 表现出明显的上升或下降趋势。这种趋势称为确定性趋势

B. 如果 $\beta \neq 0, \rho = 0$，X_t 成为带时间趋势的随机变化过程。根据 β 的正负，X_t 表现出明显的上升或下降趋势。这种趋势称为随机性趋势

C. 如果 $\beta \neq 0, \rho = 1$，则 X_t 包含确定性与随机性两种趋势

D. 如果 $\beta \neq 0, \rho = 1$，则 X_t 为平稳序列

二、多选题

1. 随机游走序列 $y_t = y_{t-1} + \varepsilon_t$ (t=1,2,⋯)中，假定 ε_t 是零均值、方差为 σ^2 的独立同分布序列，还假定初值 y_0 独立于 ε_t ($t \geqslant 1$)。随机游走序列具有哪些性质？ （　　）

A. 其期望值不取决于时间t　　B. 其方差随着时间而变化

C. 是非平稳过程　　D. 是平稳过程

2. 下列时间序列中，平稳的有 （　　）

A. 白噪声　　B. 移动平均过程

C. 差分平稳过程　　D. 趋势平稳过程

3. 弱平稳是指时间序列的下列哪些特征不随时间推移而变化？ （　　）

A. 期望　　B. 方差

C. 协方差　　D. 分布结构

4. ADF检验过程中，需要使用下列哪些方程？ （　　）

A. $\Delta y_t = \alpha + \theta y_{t-1} + \gamma_1 \Delta y_{t-1} + \varepsilon_t$　　B. $\Delta y_t = \theta y_{t-1} + \sum_{i=1}^{p} \gamma_i \Delta y_{t-i} + \varepsilon_t$

C. $\Delta y_t = \alpha + \theta y_{t-1} + \sum_{i=1}^{p} \gamma_i \Delta y_{t-i} + \varepsilon_t$　　D. $\Delta y_t = \alpha + \delta t + \theta y_{t-1} + \sum_{i=1}^{p} \gamma_i \Delta y_{t-i} + \varepsilon_t$

5. 误差修正模型具有以下哪些优点？ （　　）

A. 一阶差分项的使用消除了变量可能存在的趋势因素，从而避免了虚假回归问题

B. 一阶差分项的使用消除了模型可能存在的多重共线性问题

C. 误差修正项的引入保证了变量水平值的信息没有被忽视

D. 由于误差修正项本身的平稳性，该模型可以用经典的回归方法进行估计，尤其是模型中差分项可以使用通常的 t 检验与 F 检验来选取

三、判断题

1. 平稳时间序列过程意味着，如果我们从这个序列中任取一个随机变量集，并把这个序列向前移动h个时期，那么其联合概率分布仍然保持不变。（　）
2. 非平稳时间序列往往会导致多元回归分析中的虚假回归问题。（　）
3. 独立同分布序列不一定是平稳时间序列。（　）
4. 一个随机时间序列如果具有时间趋势，那么它是差分平稳的。（　）
5. 随机游走序列用于回归分析时，可能导致虚假回归。（　）
6. 一阶单整时间序列的一阶差分肯定是平稳的。（　）
7. 严平稳过程的分布结构可能随时间推移而变化。（　）
8. 趋势平稳过程只能通过去除趋势项变为平稳过程。（　）
9. DF和ADF检验中，如果拒绝原假设，即表示原序列存在单位根。（　）
10. 有一些时间序列，无论经过多少次差分，都不能变为平稳的。（　）
11. 不能由协整关系推出长期均衡关系，只能用协整关系来检验长期均衡关系。（　）
12. 误差修正模型可由自回归分布滞后模型推出。（　）
13. 如果时间序列是 $I(4)$，则只需要 3 次差分就可以将其变为平稳的。（　）
14. 经济时间序列数据大部分是平稳的，一般不需要进行平稳性检验。（　）
15. 两个变量具有各自的长期波动规律时，它们之间会有长期的稳定关系。（　）
16. 任何一组时间序列之间的关系都存在误差修正机制，反映短期调节行为。（　）

四、简答题

1. 简述用具有协整关系的经济变量建立误差修正模型的一般步骤。

2. 简述单位根检验的基本思想。

3. 为什么协整检验ADF临界值比正常的ADF临界值要小?

五、案例分析题

1. 假设过程$\{(x_t, y_t): t=0,1,2,\cdots\}$满足以下两个方程：

$$y_t = \beta x_t + u_t$$
$$\Delta x_t = \gamma \Delta x_{t-1} + v_t$$

其中，$E(u_t \mid I_{t-1}) = E(v_t \mid I_{t-1}) = 0$，$I_{t-1}$包含$x$和$y$在$t-1$期及此前的所有信息，$\beta \neq 0$且$|\gamma| < 1$。

试分析：这两个方程意味着如下形式的一个误差修正模型。形式为

$$\Delta y_t = \gamma_1 \Delta x_{t-1} + \delta(y_{t-1} - \beta x_{t-1}) + \varepsilon_t$$

其中，$\gamma_1 = \beta\gamma, \delta = -1, \varepsilon_t = u_t + \beta v_t$。

2. 得到经过居民消费价格指数调整后的1978~2006年中国居民总量消费Y与总量可支配收入X的数据，分析它们的对数序列$\ln Y$与$\ln X$间的关系。相关分析结果如下。

对$\ln Y$与$\ln X$进行ADF检验，最终得到的适当的检验模型为

$$\Delta^2 \ln \hat{Y}_t = 0.056 - 0.741 \Delta \ln Y_{t-1} \tag{1}$$
$$(3.55) \quad (-3.89)$$

$$\Delta^2 \ln \hat{X}_t = 0.071 - 0.784 \Delta \ln X_{t-1} \tag{2}$$
$$(3.58) \quad (-3.97)$$

对$\ln Y$与$\ln X$进行协整回归得

$$\ln \hat{Y}_t = 0.587 - 0.880 \ln X_t \tag{3}$$
$$(4.11) \quad (61.89)$$

对协整回归的残差序列e_t进行ADF检验，得适当检验模型为

$$\Delta\hat{e}_t = -0.631e_{t-1} + 0.337\Delta e_{t-1} + 0.298\Delta e_{t-2} + 0.390\Delta e_{t-3} + 0.494\Delta e_{t-4} \quad (4)$$
$$(-3.69) \qquad (1.78) \qquad (1.58) \qquad (2.14) \qquad (2.58)$$

已知5%显著性水平下，协整的ADF检验的临界值为−3.59。

以协整回归的残差序列 e_t 做误差修正项，建立误差修正模型为

$$\Delta\ln\hat{Y}_t = 0.507\Delta\ln X_t + 0.405\Delta\ln Y_{t-1} + 0.209e_{t-1} \quad (5)$$
$$(5.46) \qquad (3.78) \qquad (-2.04)$$

（1）取 $\alpha=0.05$，判断$\ln Y$与$\ln X$的单整情况。已知 $\alpha=0.05$ 的ADF检验临界值为−2.97。

（2）取 $\alpha=0.05$，给出对$\ln Y$与$\ln X$进行协整检验的结论。已知 $\alpha=0.05$ 的协整的ADF检验的临界值为−3.59。

（3）针对$\ln Y$与$\ln X$的关系，可否建立误差修正模型？

（4）Y关于X的长期弹性、短期弹性如何？

（5）式（5）中误差修正项的系数−0.209的含义是什么？

六、上机题

下表是1978~2010年中国财政收入Y和税收X的数据，判断$\ln Y$和$\ln X$的平稳性，如果是同阶单整的，检验它们之间是否存在协整关系。

1978~2010年中国财政收入Y和税收X

年份	财政收入Y/亿元	各项税收X/亿元	$\ln Y$	$\ln X$
1978	1 132.26	519.28	3.054	2.715
1979	1 146.4	537.82	3.059	2.731
1980	1 159.93	571.7	3.064	2.757
1981	1 175.8	629.89	3.070	2.799
1982	1 212.3	700.02	3.084	2.845
1983	1 367	775.59	3.136	2.890
1984	1 642.9	947.35	3.216	2.977
1985	2 004.82	2 040.79	3.302	3.310
1986	2 122	2 090.73	3.327	3.320
1987	2 199.4	2 140.36	3.342	3.330
1988	2 357.2	2 390.47	3.372	3.378
1989	2 664.9	2 727.4	3.426	3.436
1990	2 937.10	2 821.86	3.468	3.451
1991	3 149.48	2 990.17	3.498	3.476
1992	3 483.37	3 296.91	3.542	3.518
1993	4 348.95	4 255.30	3.638	3.629
1994	5 218.10	5 126.88	3.718	3.710
1995	6 242.20	6 038.04	3.795	3.781

续表

年份	财政收入Y/亿元	各项税收X/亿元	lnY	ln X
1996	7 407.99	6 909.82	3.870	3.839
1997	8 651.14	8 234.04	3.937	3.916
1998	9 875.95	9 262.80	3.995	3.967
1999	11 444.08	10 682.58	4.059	4.029
2000	13 395.23	12 581.51	4.127	4.100
2001	16 386.04	15 301.38	4.214	4.185
2002	18 903.64	17 636.45	4.277	4.246
2003	21 715.25	20 017.31	4.337	4.301
2004	26 396.47	24 165.68	4.422	4.383
2005	31 649.29	28 778.54	4.500	4.459
2006	38 760.20	34 804.35	4.588	4.542
2007	51 321.78	45 621.97	4.710	4.659
2008	61 330.35	54 223.79	4.788	4.734
2009	68 518.30	59 521.59	4.836	4.775
2010	83 101.51	73 210.79	4.920	4.865

第十一章

联立方程模型

一、单选题

1. 有以下联立方程组：

$$C_t = \alpha_0 + \alpha_1 Y_t + \mu_{1t}$$
$$I_t = \beta_0 + \beta_1 Y_t + \beta_2 Y_{t-1} + \mu_{2t}$$
$$Y_t = C_t + I_t + G_t$$

其中，C_t、I_t、Y_t、G_t分别表示当年的消费、投资、产出及政府支出；Y_{t-1}表示上一年的产出。在这个联立方程组计量经济学模型中，先决变量有几个？（　　）

A. 0个　　B. 1个

C. 2个　　D. 3个

2. 在上题的联立方程组中，内生变量是（　　）

A. Y_{t-1}、G_t　　B. I_t、Y_t、C_t

C. Y_{t-1}　　D. I_t、Y_{t-1}

3. 生产函数是（　　）

A. 恒等方程　　B. 制度方程

C. 技术方程　　D. 定义方程

4. 结构式模型中的每一个方程都称为结构式方程，在结构式方程中，解释变量可以是先决变量，也可以是（　　）

A. 外生变量　　B. 滞后变量

C. 内生变量　　D. 外生变量和内生变量

5. 简化式模型就是把结构式模型中的内生变量表示为（　　）

A. 外生变量和内生变量的函数

B. 先决变量和随机误差项的函数

C. 滞后变量和随机误差项的函数

D. 外生变量和随机误差项的函数

6. 简化式参数反映其对应的解释变量对被解释变量的（　　）

A. 直接影响　　B. 直接影响与间接影响之和

C. 间接影响　　D. 直接影响与间接影响之差

7. 若模型中第i个方程不可识别，则该模型是 （ ）

A. 可识别的　　B. 不可识别的

C. 过度识别的　　D. 恰好识别的

8. 如果一个模型中的（ ）随机方程都是可以识别的，则认为该联立方程模型系统是可以识别的。 （ ）

A. 一个　　B. 所有

C. 二个　　D. 三个或以上

9. 在联立方程模型中，被认为具有一定概率分布的随机变量是 （ ）

A. 内生变量　　B. 外生变量

C. 虚拟变量　　D. 先决变量

10. 如果联立方程模型中两个结构方程的统计形式完全相同，则下列结论成立的是 （ ）

A. 二者之一可以识别　　B. 二者均可以识别

C. 二者均不可识别　　D. 不确定

11. 在结构式模型中，当$R\left(\boldsymbol{B}_0\boldsymbol{\Gamma}_0\right)=g-1$且$k-k_i>g_i-1$时，模型的识别状态为 （ ）

A. 不可识别　　B. 恰好识别

C. 过度识别　　D. 无法判断

12. 下列哪种方法可以用于过度识别模型的估计? （ ）

A. 二阶段最小二乘法　　B. 普通最小二乘法

C. 间接最小二乘法　　D. 狭义工具变量法

13. 在二阶段最小二乘法中，作为工具变量的是 （ ）

A. 未在方程中出现的外生变量　　B. 任意在方程中出现的外生变量

C. 未在方程中出现的内生变量　　D. 在方程中出现的内生变量的估计量

14. 间接最小二乘法是 （ ）

A. 使用最小二乘法间接估计简化式参数

B. 仅估计得到简化式参数

C. 恰好可识别模型的参数估计方法

D. 过度可识别模型的参数估计方法

15. 下列方程类型中不存在识别问题的是 （ ）

A. 行为方程　　B. 制度方程

C. 恒等方程　　D. 统计方程

16. 如果直接运用OLS法对联立方程模型结构式进行估计，则估计值是 （ ）

A. 无偏且一致　　B. 无偏但不一致

C. 有偏但一致　　D. 有偏且不一致

17. 下面有关联立方程计量模型的哪一个说法是错误的? （ ）

A. 在联立方程模型中，内生变量受模型中的其他内生变量和先决变量的影响，同

时又影响其他内生变量

B. 结构参数一定是从简化式参数计算而来的

C. 模型的简化式是从模型的结构式导出的

D. 联立方程模型的任何一种估计方法，均要求被估计的模型系统是可识别的

18. 对联立方程模型进行参数估计的方法可以分两类，即　（　）

A. 间接最小二乘法和系统估计法

B. 单方程估计法和系统估计法

C. 单方程估计法和二阶段最小二乘法

D. 工具变量法和间接最小二乘法

19. 能同时对联立方程的全部方程进行估计，同时得到所有方程的参数估计量的方法是　（　）

A. 单方程估计方法　B. 系统估计方法

C. 有限信息估计方法　D. 二阶段最小二乘法

20. 如果某个结构方程是恰好识别的，估计其参数可用　（　）

A. 最小二乘法　B. 极大似然法

C. 广义差分法　D. 间接最小二乘法

21. 联立方程模型中既可适用于恰好识别的结构方程，又可适用于过度识别的结构方程的单方程估计方法是　（　）

A. 狭义的工具变量法　B. 间接最小二乘法

C. 二阶段最小二乘法　D. 简化式方法

22. 间接最小二乘法只适用于下列哪种结构方程的参数估计?　（　）

A. 恰好识别　B. 过度识别

C. 不可识别　D. 充分识别

23. 先决变量是（　）的合称。　（　）

A. 外生变量和滞后变量　B. 内生变量和外生变量

C. 外生变量和虚拟变量　D. 解释变量和被解释变量

24. 假如联立方程模型中，第i个方程排除的变量中没有一个在第j个方程中出现，则第i个方程是　（　）

A. 可识别的　B. 恰好识别的

C. 过度识别的　D. 不可识别的

25. 假如联立方程模型中，第i个方程包含了模型中的全部变量（即全部的内生变量和全部的先决变量），则第i个方程是　（　）

A. 可识别的　B. 恰好识别的

C. 过度识别的　D. 不可识别的

26. 在某个结构方程过度识别的条件下，不适用的估计方法是　（　）

A. 间接最小二乘法　B. 工具变量法

C. 二阶段最小二乘法　D. 有限信息极大似然估计法

27. 在某个结构方程恰好识别的条件下，不适用的估计方法是　（　）

A. 间接最小二乘法　　B. 工具变量法
C. 二阶段最小二乘法　　D. 普通最小二乘法

28. 计量经济模型的被解释变量一定是（　　）
A. 控制变量　　B. 先决变量
C. 内生变量　　D. 外生变量

29. 计量经济模型中，不能作为解释变量的是（　　）
A. 随机扰动变量　　B. 先决变量
C. 内生变量　　D. 外生变量

30. 下面关于简化式模型的概念，不正确的是（　　）
A. 简化式方程的解释变量都是先决变量
B. 在同一个简化式模型中，所有简化式方程的解释变量都完全一样
C. 如果一个结构式方程包含一个内生变量和模型系统中的全部先决变量，这个结构式方程就等同于简化式方程
D. 简化式参数是结构式参数的线性函数

31. 当一个结构式方程为恰好识别时，这个方程中内生解释变量的个数（　　）
A. 与被排除在外的先决变量个数正好相等
B. 小于被排除在外的先决变量个数
C. 大于被排除在外的先决变量个数
D. 以上三种情况都有可能发生

32. 下面有关联立方程模型的说法哪一个是错误的？（　　）
A. 先决变量不受模型中的内生变量和其他先决变量的影响，但影响内生变量
B. 结构式模型可用来预测
C. 在完备的结构式模型中，内生变量的个数等于方程个数
D. 恒等方程自身不存在识别问题但影响随机方程的识别性

二、多选题

1. 与单方程计量经济模型相比，联立方程计量经济模型的特点是（　　）
A. 适用于某一经济系统的研究
B. 适用于单一经济现象的研究
C. 揭示经济变量之间的单项因果关系
D. 揭示经济变量之间的相互依存、互为因果的关系

2. 小型宏观计量模型 $\begin{cases} C_t = a_0 + a_1 Y_t + \mu_{1t} \\ I_t = b_0 + b_1 Y_t + b_2 Y_{t-1} + \mu_{2t} \\ Y_t = C_t + I_t + G_t \end{cases}$ 中，第一个方程是（　　）
A. 结构方程　　B. 随机方程
C. 行为方程　　D. 线性方程

3. 完备的结构式联立方程模型中（　　）

A. 内生变量个数等于方程个数　　B. 外生变量只出现在方程的等号右边
C. 内生变量只作为被解释变量　　D. 内生变量只出现在方程的等号左边

4. 联立方程模型的单方程估计有　（　　）
A. 间接最小二乘法　　B. 工具变量法
C. 二阶段最小二乘法　　D. 三阶段最小二乘法

5. 下列哪些变量属于先决变量?　（　　）
A. 内生变量　　B. 随机变量
C. 滞后变量　　D. 外生变量

6. 对联立方程模型参数进行系统估计的方法包括　（　　）
A. 工具变量法　　B. 有限信息极大似然估计法
C. 完全信息极大似然估计法　　D. 三阶段最小二乘法

7. 在一个计量经济模型中，可作为解释变量的有　（　　）
A. 内生变量　　B. 控制变量
C. 政策变量　　D. 滞后变量

8. 在一个计量经济模型中，可作为被解释变量的有　（　　）
A. 内生变量　　B. 虚拟变量
C. 随机变量　　D. 滞后变量

9. 当结构方程为恰好识别时，可选择的估计方法有　（　　）
A. 普通最小二乘法　　B. 有限信息最大似然估计法
C. 间接最小二乘法　　D. 二阶段最小二乘法

三、判断题

1. 联立方程模型的方程分为随机方程和恒等方程两种。（　　）

2. 先决变量就是外生变量。（　　）

3. 结构式方程相对于简化式方程来说更能反映出变量之间的经济关系。（　　）

4. 简化式方程中没有内生变量作为解释变量。（　　）

5. 简化式参数与结构式参数之间的关系被称为参数关系体系。（　　）

6. 结构式方程的标准形式就是将所有的内生变量表示成外生变量和随机干扰项的函数形式。（　　）

7. 联立方程的阶条件用于判断方程能否被识别。（　　）

8. 普通最小二乘法也可以用来对联立方程组的结构式方程进行估计。（　　）

9. 联立方程组模型不能用普通最小二乘法来估计，结构式模型可以用于预测，简化式模型不能直接用于预测。（　　）

10. 联立方程组模型的变量分为内生变量和外生变量，外生变量和滞后的内生变量统称为先决变量。（　　）

11. 利用参数关系体系，可以由结构式参数计算得出简化式参数。（　　）

12. 联立方程组模型只要有一个方程是过度识别的，那么模型就是过度识别的。（　　）

13. 结构式识别条件只适用于结构式模型。（　）
14. 在联立方程组模型的估计中，间接最小二乘法与二阶段最小二乘法是等价的。（　）
15. 恰好识别的模型可以用间接最小二乘法和二阶段最小二乘法估计。（　）
16. 联立方程组模型在建模初期遵循一定的规则保证模型的可识别。（　）

四、简答题

1. 简述结构式方程识别的阶条件和秩条件。

2. 联立方程计量经济学模型中结构式方程的结构参数为什么不能直接应用OLS估计？

3. 如何对不可识别的方程进行简单的修改使之可以识别？

4. 间接最小二乘法的条件、步骤、参数估计的特性是什么？

5. 两阶段最小二乘法的条件、步骤、参数估计的特性是什么？

五、案例分析题

1. 如果我们将“供给”与“需求”Y_1、价格Y_2写成如下的联立方程的形式：

$$Y_1 = \alpha_1 Y_2 + \beta_1 Z_1 + \mu_1$$
$$Y_1 = \alpha_2 Y_2 + \beta_2 Z_2 + \mu_2$$

其中，Z_1、Z_2为外生变量。

（1）若$\alpha_1 = 0$或$\alpha_2 = 0$，解释为什么存在Y_1的简化式？若$\alpha_1 \neq 0$、$\alpha_2 = 0$，写出Y_2的简化式。

（2）若$\alpha_1 \neq 0$、$\alpha_2 \neq 0$，且$\alpha_1 \neq \alpha_2$，求Y_1的简化式。这时，Y_2有简化式吗？

（3）在“供给-需求”的模型中，$\alpha_1 \neq \alpha_2$的条件有可能满足吗？请解释。

2. 一个由两个方程组成的联立模型的结构形式如下：

$$P_t = \alpha_0 + \alpha_1 N_t + \alpha_2 S_t + \alpha_3 A_t + \mu_t$$
$$N_t = \beta_0 + \beta_1 P_t + \beta_2 M_t + \upsilon_t$$

（1）指出该联立模型中的内生变量与外生变量。

（2）分析每一个方程是否为不可识别的，过度识别的或恰好识别的。

（3）有与μ相关的解释变量吗？有与υ相关的解释变量吗？

（4）如果使用OLS方法估计α、β会发生什么情况？

（5）可以使用ILS方法估计α吗？如果可以，推导出估计值。对β回答同样的问题。

（6）逐步解释如何在第二个方程中使用2SLS方法。

3. 一完备的联立方程计量经济学模型如下：

$$M_t = \alpha_0 + \alpha_1 Y_t + \alpha_2 P_t + \mu_{1t}$$
$$Y_t = \beta_0 + \beta_1 M_t + \mu_{2t}$$

其中，M为货币供应量；Y为国内生产总值；P为价格总指数。

（1）指出模型的内生变量、外生变量、先决变量。

（2）写出简化式模型，并导出结构式参数与简化式参数之间的关系。

（3）用结构式条件确定模型的识别状态。

（4）如果模型不可识别，试作简单的修改使之可以识别。

（5）指出ILS、IV、2SLS中哪些可用于原模型第一、二个方程的参数估计。

4. （1）讨论宏观经济联立方程计量经济学模型的识别性。

$$\begin{cases} C_t = \alpha_0 + \alpha_1 Y_t + \alpha_2 T_t + \mu_{1t} & \text{消费函数} \\ I_t = \beta_0 + \beta_1 Y_{t-1} + \beta_2 i_t + \mu_{2t} & \text{投资函数} \\ T_t = \gamma_0 + \gamma_1 Y_t + \mu_{3t} & \text{税收函数} \\ Y_t = C_t + I_t + G_t & \text{恒等式} \end{cases}$$

其中，C_t为总消费；Y_t为国民收入；T_t为总税收；I_t为总投资；Y_{t-1}为前期国民收入；i_t为利率；G_t为政府支出。

（2）将（1）中的第三个方程（税收函数）删去，讨论由剩下的三个方程组成的宏观经济联立方程计量经济学模型的识别性。

5. 考虑以下凯恩斯收入决定模型：

$$C_t = \beta_{10} + \beta_{11} Y_t + \mu_{1t}$$
$$I_t = \beta_{20} + \beta_{21} Y_t + \beta_{22} Y_{t-1} + \mu_{2t}$$
$$Y_t = C_t + I_t + G_t$$

其中，C_t为消费支出；I_t为投资支出；Y_t为收入；G_t为政府支出；G_t和Y_{t-1}为先决变量。

（1）导出模型的简化型方程。

（2）利用结构式识别条件判定上述方程中的识别情况。

（3）将用什么方法估计过度可识别方程和恰好可识别方程中的参数。

6. 考虑如下的货币供求模型。

货币需求：

$$M_t^{\mathrm{d}} = \beta_0 + \beta_1 Y_t + \beta_2 R_t + \beta_3 P_t + \mu_{1t} \qquad \text{需求函数}$$

货币供给：

$$M_t^{\mathrm{s}} = \alpha_0 + \alpha_1 Y_t + \mu_{2t} \qquad \text{供给函数}$$

其中，M为货币；Y为收入；R为利率；P为价格；μ_{1t}、μ_{2t}为误差项；R和P为先决变量。

（1）需求函数可识别吗？

（2）供给函数可识别吗？

（3）你会用什么方法去估计可识别的方程中的参数？为什么？

（4）假设我们把供给函数加以修改，多加进两个解释变量Y_{t-1}和M_{t-1}，会出现什么识别问题？你还会用你在（3）中用的方法吗？为什么？

六、上机题

1. 下列为一完备的联立方程计量经济学模型：

$$Y_t = \beta_0 + \beta_1 M_t + \gamma_1 C_t + \gamma_2 I_t + \mu_{1t} \qquad (1)$$

$$M_t = \alpha_0 + \alpha_1 Y_t + \gamma_3 P_t + \mu_{2t} \qquad (2)$$

其中，M为货币供给量；Y为国内生产总值；P为价格总指数。

已知：方程（1）是恰好识别的，方程（2）是过度识别的。

要求：下表给出了中国的实际数据资料，能否用工具变量法估计上述联立模型？若能，请写出方程组。能否用工具变量法估计模型中的某个方程？若能，请给出估计结果。

年份	货币与准货币M/亿元	国内生产总值GDP/亿元	居民消费价格指数P	居民消费CONS/亿元	固定资产投资I/亿元
1990	15 293.4	18 319.5	165.2	9 113.2	4 517.0
1991	19 349.9	21 280.4	170.8	10 315.9	5 594.5
1992	25 402.2	25 863.7	181.7	12 459.8	8 080.1
1993	34 879.8	34 500.7	208.4	15 682.4	13 072.3
1994	46 923.5	46 690.7	258.6	20 809.8	17 042.1
1995	60 750.5	58 510.5	302.8	26 944.5	20 019.3
1996	76 094.9	68 330.4	327.9	32 152.3	22 913.5
1997	90 995.3	74 894.2	337.1	34 854.6	24 941.1
1998	104 498.5	79 003.3	334.4	36 921.1	28 406.2
1999	119 897.9	82 673.1	329.7	39 334.4	29 854.7

2. 接上题，用二阶段最小二乘法估计上述联立模型，并比较用工具变量法和二阶段最小二乘法对模型中的方程的估计结果是否相同？

期末测试题一

一、单选题（共20小题，每题1分，共计20分）

1. 理论模型的设定不包括 （　　）

A. 变量设定　　B. 函数形式设定

C. 参数取值范围设定　　D. 样本容量设定

2. 消费函数属于 （　　）

A. 行为方程　　B. 技术方程

C. 制度方程　　D. 定义方程

3. 设样本回归模型为 $Y_i=\hat{\beta}_0+\hat{\beta}_1X_i+e_i$，则在用普通最小二乘法确定的 $\hat{\beta}_1$ 的公式中，错误的是 （　　）

A. $\hat{\beta}_1=\dfrac{\sum\left(X_i-\bar{X}\right)\left(Y_i-\bar{Y}\right)}{\sum\left(X_i-\bar{X}\right)^2}$　　B. $\hat{\beta}_1=\dfrac{n\sum X_iY_i-\sum X_i\sum Y_i}{n\sum X_i^2-\left(\sum X_i\right)^2}$

C. $\hat{\beta}_1=\dfrac{\sum X_iY_i-n\bar{X}\bar{Y}}{\sum X_i^2-n\bar{X}^2}$　　D. $\hat{\beta}_1=\dfrac{n\sum X_iY_i-\sum X_i\sum Y_i}{\sigma_X^2}$

4. 对于 $Y_i=\hat{\beta}_0+\hat{\beta}_1X_i+e_i$，以 $\hat{\sigma}$ 表示随机误差项的标准差的估计，r表示X、Y的相关系数，则有 （　　）

A. $\hat{\sigma}=0$时，$r=1$　　B. $\hat{\sigma}=0$时，$r=-1$

C. $\hat{\sigma}=0$时，$r=0$　　D. $\hat{\sigma}=0$时，$r=1$或-1

5. 在总体回归函数 $E\left(Y\div X_i\right)=\beta_0+\beta_1X_i$ 中，β_1 表示 （　　）

A. 当X增加一单位时，Y增加 β_1 单位

B. 当X增加一单位时，Y平均增加 β_1 单位

C. 当Y增加一单位时，X增加 β_1 单位

D. 当Y增加一单位时，X平均增加 β_1 单位

6. 在多元线性回归模型中，判定系数与解释变量个数的关系是 （　　）

A. 解释变量个数由判定系数的大小决定

B. 判定系数随解释变量个数的增多先增大后减小

C. 判定系数随着解释变量个数的增多而增大

D. 判定系数随着解释变量个数的增多而减小

7. 存在完全共线性时，有 ( )

A. $\text{Rank}(\boldsymbol{X})=K+1$　　B. $\text{Rank}(\boldsymbol{X'X})=K+1$

C. $\text{Rank}(\boldsymbol{X})<K+1$　　D. $\boldsymbol{X'X}$ 可逆

8. 对于合理预期的消费函数模型，参数估计应采用 ( )

A. 普通最小二乘法　　B. 极大似然法

C. 间接最小二乘法　　D. 工具变量法

9. 下列模型中，不存在随机解释变量问题的是 ( )

A. $Y_t=\beta_0+\beta_1X_t+\beta_2X_{t-1}+\mu_t$　　B. $Y_t=\beta_0+\beta_1X_t+\beta_2Y_{t-1}+\mu_t$

C. $Y_t=\beta_0+\beta_1X_t+\beta_2Y_{t-2}+\mu_t$　　D. $Y_t=\beta_0+\beta_1X_t+\beta_2X_{t-1}+\beta_3Y_{t-1}+\mu_t$

10. 以下不能克服多重共线性的是 ( )

A. 使用工具变量　　B. 增加样本容量

C. 利用已知信息修正模型　　D. 删减变量

11. 多重共线性的程度越（ ），参数估计值就越（ ）。 ( )

A. 严重、精确　　B. 严重、不精确

C. 不严重、不精确　　D. 以上都不对

12. 下列说法正确的是 ( )

A. 异方差不影响参数估计量的性质

B. 异方差的变化与解释变量的变化有关

C. 异方差存在不影响模型在预测上的应用

D. 时间序列更易产生异方差

13. 下列关于序列相关问题的说法正确的是 ( )

A. 任何模型都存在

B. 使用时间序列数据更易产生

C. 不影响参数估计量的小样本性质

D. 使用截面数据更易产生

14. 下列说法不正确的是 ( )

A. 修正自相关的方法有广义差分法

B. 经济变量的惯性作用会导致自相关

C. 检验自相关的方法有F检验法

D. 自相关在建立计量经济模型时经常会遇到

15. 在DW检验中，存在负自相关的区域是 ( )

A. $4-d_L<\text{DW}<4$　　B. $0<\text{DW}<d_L$

C. $d_U<\text{DW}<4-d_U$　　D. $d_L<\text{DW}<d_U$，$4-d_U<\text{DW}<4-d_L$

16. 当截距和斜率都变动的模型 $Y_t=\beta_0+\beta_1X_t+\beta_2D_t+\beta_3D_tX_t+\mu_t$ 退化为截距变动的模型时，能通过统计检验的是 ( )

A. $\beta_2=0$，$\beta_3=0$　　B. $\beta_2\neq0$，$\beta_3\neq0$

C. $\beta_2 \neq 0$，$\beta_3=0$　　D. $\beta_2=0$，$\beta_3 \neq 0$

17. 若随着解释变量的变动，被解释变量的变动存在两个转折点，即有三种变化模式，则在分段线性回归模型中，应引入虚拟变量的个数为（　　）

A. 1　　B. 2

C. 3　　D. 4

18. 对于有限分布滞后模型，解释变量的滞后长度每增加1期，可利用的样本数据就（　　）

A. 增加1个　　B. 减少1个

C. 增加2个　　D. 减少2个

19. 对于无限分布滞后模型：

$$Y_t = \alpha + \sum_{i=0}^{\infty} \beta_i X_{t-i} + \mu_t$$

Koyck假定 $\beta_i = \lambda_i \beta_0$，$0 < \lambda < 1$，则长期乘数为（　　）

A. $\beta_0/(1-\lambda)$　　B. $1/(1-\lambda)$

C. $(1-\lambda)$　　D. $\sum \beta_i/(1-\lambda)$

20. 对于Koyck变换模型 $Y_t = (1-\lambda)\alpha + \beta_0 X_t + \lambda Y_{t-1} + \mu_t - \lambda\mu_{t-1}$，令 $V_t = \mu_t - \lambda\mu_{t-1}$，则可用作 Y_{t-1} 的工具变量的为（　　）

A. X_t　　B. X_{t-1}

C. Y_t　　D. V_t

二、多选题（共5小题，每题2分，共计10分）

21. 数据常见的几种类型有（　　）

A. 截面数据　　B. 时间序列数据

C. 面板数据　　D. 虚拟变量数据

22. 对于样本回归直线 $\hat{Y}_i = \hat{\beta}_0 + \hat{\beta}_1 X_i$，回归平方和可以表示为（　　）

A. $\sum(Y_i - \bar{Y})^2 - \sum(Y_i - \hat{Y}_i)^2$　　B. $\hat{\beta}_1^2 \sum(X_i - \bar{X})^2$

C. $R^2 \sum(Y_i - \bar{Y})^2$　　D. $\sum(\hat{Y}_i - \bar{Y})^2$

23. 下列关于显著性检验的说法，正确的有（　　）

A. 变量显著性检验的t统计量的自由度是$n-2$，临界值是 $t_\alpha(n-2)$

B. 变量显著性检验的t统计量的自由度是$n-k-1$，临界值是 $t_{\alpha/2}(n-k-1)$

C. 方程显著性检验的F统计量的自由度是k和$n-k-1$，临界值是 $F_\alpha(k, n-k-1)$

D. 方程显著性检验的F统计量的自由度是$n-k-1$和k，临界值是 $F_\alpha(n-k-1, k)$

24. 下列说法不正确的有（　　）

A. 异方差不影响参数估计量的性质

B. 异方差是随机误差项的问题

C. 异方差会影响参数估计量的线性性

D. 异方差的产生与数据类型无关

25. 下列说法正确的有 （ ）

A. 加权最小二乘法是广义最小二乘法的特例

B. 广义最小二乘法是加权最小二乘法的特例

C. 广义最小二乘法是广义差分法的特例

D. 普通最小二乘法是加权最小二乘法的特例

三、判断题（共10小题，每题1分，共计10分）

26. 模型检验中，通过了统计推断检验，就不需要进行计量经济检验。 （ ）

27. 一元回归几乎没什么实际用途，因为因变量的行为不可能仅由一个解释变量来决定。 （ ）

28. 判定系数R^2大的回归模型的拟合效果一定好于R^2小的回归模型。 （ ）

29. 随机解释变量与工具变量是一一对应关系。 （ ）

30. 在模型中引入解释变量的多个滞后项容易产生多重共线性。 （ ）

31. 加权最小二乘法是对模型加权后采用OLS法估计参数。 （ ）

32. 可行的广义差分法修正序列相关得到的参数估计量满足BLUE性质。 （ ）

33. 虚拟变量系数的显著性检验与其他数值变量是一样的。 （ ）

34. 在局部调整模型中，滞后被解释变量与随机干扰项同期无关。 （ ）

35. 经济时间序列数据大部分是平稳的，一般不需要进行平稳性检验。 （ ）

四、简答题（共3小题，每题5分，共计15分）

1. 请写出多元线性回归模型$\boldsymbol{Y}=\boldsymbol{X\beta}+\boldsymbol{\mu}$中的$\boldsymbol{Y}$、$\boldsymbol{X}$、$\boldsymbol{\beta}$、$\boldsymbol{\mu}$矩阵。根据模型的基本假设，$\boldsymbol{X}$矩阵的行数和列数之间的大小关系如何？

2. 多重共线性产生的主要原因是什么？将X和X^2同时引入模型作解释变量，会不会产生完全共线性？

3. 简述序列相关产生的原因。

五、案例分析题（共3小题，每题15分，共计45分）

1. 已知某汽车企业的利润Y与产量X之间存在线性因果关系，回归模型为$Y_i=\beta_0+\beta_1X_i+\mu_i$，样本观察值和OLS估计的一些信息如下表所示。

年份	X_i/万辆	Y_i/亿元	x_i	y_i	$\hat{Y}_i$	e_i
2006	3	9	−4	−9	8	1
2007	5	12	−2	−6	13	−1
2008	6	14	−1	−4	15.5	−1.5
2009	7	19	0	−1	18	1
2010	8	20	1	2	20.5	−0.5
2011	8	21	1	3	20.5	0.5
2012	9	24	2	6	____	____
2013	____	25	3	7	25.5	−0.5

（1）求参数β_0、β_1的普通最小二乘估计值，并写出回归方程。

（2）将表中画“____”处所缺数据补充完整。

（3）求随机误差项的方差的普通最小二乘估计值。

（4）你认为样本容量是否满足基本要求，为什么？

2. 为了研究Belize在1970～1992年的人口增长，Mukherjee等估计了如下模型。

模型Ⅰ：

$$\ln Y_t = 4.37 + 0.024t$$
$$t\ (781.25)\ (54.71)$$

模型Ⅱ：

$$\ln Y_t = 4.77 + 0.015t - 0.075D_t + 0.011D_t t$$
$$t\ (2\,477.92)\ (54.71)\ (-17.03)\ (25.54)$$

其中，t为时间趋势；Y_t为t年的人口数量（10^6人）；D_t对t从1987年开始的观测值取1，对此前的观测值取0。$t_{0.025}(19)=2.093$。

（1）在模型Ⅰ中参数0.024的含义是什么？

（2）模型Ⅱ中采用什么方式引入了虚拟变量？这种引入方式用以反映什么情况？

（3）给定显著性水平5%，1978年前后Belize的人口增长率在统计上不同吗？为什么？

（4）分别写出1978年之前和之后的模型，1978年之前和之后Belize的人口增长率分别为多少？

3. 用一容量为177的截面数据估计得到某行业CEO薪水的回归模型如下：

$$\widehat{\ln Y_i} = \hat{\beta}_0 + \hat{\beta}_1 \ln X_{1i} + \hat{\beta}_2 \ln X_{2i} + \hat{\beta}_3 X_{3i} + \hat{\beta}_4 X_{4i} + \hat{\beta}_5 X_{5i}$$

$$t\ (3.65)\ (7.66)\quad (6.55)\ (3.88)\quad (4.65)\ (0.54)$$

$$R^2 = 0.353,\ \mathrm{DW}=2.081$$

其中，Y为年薪；X_1为公司的销售收入；X_2为公司市值；X_3为利润占销售的百分比；X_4为其就任公司CEO的年数；X_5为其在该公司的年数。

（1）求$\hat{\beta}_1$的样本标准差，并在5%的显著性水平下求β_1的置信区间。已知$\hat{\beta}_1 = 0.383$，$t_{0.025}(171) = 1.96$。

（2）在5%的显著性水平下对此模型进行方程显著性检验，要求写出完整的检验过程。已知$F_{0.05}(5，171)=1.85$。

（3）使用综合统计检验法判断该模型是否存在多重共线性。

（4）是否应当怀疑该模型存在异方差问题？为什么？

（5）在5%的显著性水平下对此模型做一阶序列相关的DW检验，写出原假设和判断依据。已知显著性水平5%，k=5，n=177时，d_L=1.665，d_U =1.902。

期末测试题二

一、单选题（共20小题，每题1分，共计20分）

1. 生产函数属于 (　　)

A. 行为方程　　B. 技术方程

C. 制度方程　　D. 定义方程

2. 反映相互影响关系的模型是 (　　)

A. 单方程模型　　B. 联立方程模型

C. 时间序列模型　　D. 虚拟变量模型

3. 以Y表示实际观测值，$\hat{Y}$表示OLS估计值，则用OLS得到的样本回归直线$\hat{Y}_i=\hat{\beta}_0+\hat{\beta}_1X_i$满足 (　　)

A. $\sum\left(Y_i-\hat{Y}_i\right)=0$　　B. $\sum\left(Y_i-\bar{Y}\right)^2=0$

C. $\sum\left(Y_i-\hat{Y}_i\right)^2=0$　　D. $\sum\left(Y_i-\bar{Y}\right)\neq 0$

4. 对于相同的数据，被解释变量总体均值的预测区间长度将会（　　）被解释变量个别值的预测区间长度。 (　　)

A. 大于　　B. 小于

C. 等于　　D. 大于或小于

5. 根据数据估计得到人均消费支出对人均收入的回归方程为$\ln Y_i=2+0.75\ln X_i$，这表明人均收入每增加1%，人均消费支出将增加 (　　)

A. 2%　　B. 0.2%

C. 0.5%　　D. 7.5%

6. 在二元线性回归模型$Y_i=\beta_0+\beta_1X_{1i}+\beta_2X_{2i}+\mu_i$中，$\beta_1$表示 (　　)

A. 当X_2不变时，X_1每变动一单位Y的平均变动

B. 当X_1不变时，X_2每变动一单位Y的平均变动

C. 当X_1和X_2都不变时，Y的平均变动

D. 当X_1和X_2都变动一单位时，Y的平均变动

7. 下列关于OLS法和ML法的说法错误的是 (　　)

A. 都能得到线性回归模型结构参数的估计结果$\hat{\boldsymbol{\beta}}=\left(\boldsymbol{X}'\boldsymbol{X}\right)^{-1}\boldsymbol{X}'\boldsymbol{Y}$

B. 都能得到线性回归模型随机误差项方差的无偏估计$\sum e_i^2/(n-k-1)$

C. 都遵循一个原则——使参数估计结果尽可能接近参数真值

D. 两种方法估计参数的思路存在较大差异

8. 用容量为30的样本估计模型$Y_i=\beta_0+\beta_1X_{1i}+\beta_2X_{2i}+\mu_i$，在5%的显著性水平下对$\beta_1$做$t$检验，则当$\beta_1$显著不等于0时，统计量$|t|\geqslant$ （　　）

A. $t_{0.05}$（30）　　B. $t_{0.025}$（28）

C. $t_{0.025}$（27）　　D. $t_{0.05}$（28）

9. 耐用品存量调整模型的随机解释变量与随机误差项 （　　）

A. 同期相关　　B. 不相关

C. 同期相关，异期不相关　　D. 同期不相关，异期相关

10. 下列哪种方法可以修正多重共线性? （　　）

A. 加权最小二乘法　　B. 广义最小二乘法

C. 减少解释变量个数　　D. Durbin两步法

11. 下列说法不正确的是 （　　）

A. 使用截面数据容易产生异方差　B. 异方差产生的原因有设定错误

C. 检验异方差的方法有F检验法　D. 修正异方差的方法有差分法

12. 在运用加权最小二乘法时，如果变换的结果是$\frac{Y}{X}=\beta_1\frac{1}{X}+\beta_2\frac{X}{X}+\frac{\mu}{X}$，则Var（$\mu$）是下列形式中的哪一种? （　　）

A. σ^2X　　B. σ^2X^2

C. $\sigma^2\sqrt{X}$　　D. $\sigma^2\log(X)$

13. 在DW检验中，不存在自相关的区域是 （　　）

A. $4-d_L<\mathrm{DW}<4$　　B. $0<\mathrm{DW}<d_L$

C. $d_U<\mathrm{DW}<4-d_U$　　D. $d_L<\mathrm{DW}<d_U$，$4-d_U<\mathrm{DW}<4-d_L$

14. 已知模型的形式为$Y=\beta_1+\beta_2X+\mu$，在用实际数据对模型的参数进行估计的时候，测得DW统计量为0.645 3，则广义差分变量是 （　　）

A. $Y_t-0.645\,3Y_{t-1},X_t-0.645\,3X_{t-1}$

B. $Y_t-0.677\,4Y_{t-1},X_t-0.677\,4X_{t-1}$

C. Y_t-Y_{t-1},X_t-X_{t-1}

D. $Y_t-0.05Y_{t-1},X_t-0.05X_{t-1}$

15. 已知DW统计量的值接近于2，则样本回归模型残差的一阶自相关系数$\hat{\rho}$近似等于 （　　）

A. 0　　B. –1

C. 1　　D. 4

16. 在经济转折时期，可以通过引入虚拟变量来表示这种变化，现以2008年为转折时期，设虚拟变量为2008年及以后D_t=1，2008年以前D_t=0，数据散点图显示消费函数发生了结构性变化，基本消费部分下降了，边际消费倾向变大了，则城镇局部线性消费函数

的理论方程可以写为 （ ）

A. $Y_t=\beta_0+\beta_1X_t+\mu_t$　　B. $Y_t=\beta_0+\beta_1X_t+\beta_2D_tX_t+\mu_t$

C. $Y_t=\beta_0+\beta_1X_t+\beta_2D_t+\mu_t$　　D. $Y_t=\beta_0+\beta_1X_t+\beta_2D_t+\beta_3D_tX_t+\mu_t$

17. 没有截距项的线性回归模型中包含一个定性变量，并且该变量有3个特征，则在回归模型中，可引入虚拟变量的个数为 （ ）

A. 1或2　　B. 3或4

C. 2或3　　D. 4

18. 如果随机扰动项满足古典线性回归模型的所有假定，则OLS估计量是非一致估计量的模型的是 （ ）

A. 多元线性回归模型　　B. C-D生产函数模型

C. 自适应预期模型　　D. 局部调整模型

19. 对于有限分布滞后模型 $Y_t=\alpha+\beta_0X_t+\beta_1X_{t-1}+\cdots+\beta_kX_{t-k}+\mu_t$，应用Almon多项式变换估计模型时，假设回归系数 β_i（i=0，1，2，…，k）为 （ ）

A. $\beta_i=\alpha_0+\alpha_1i+\alpha_2i^2+\cdots+\alpha_mi^m$

B. $\beta_i=\beta_0\lambda^i$

C. 依据递减的方式将系数 β_i 赋值如下：$\beta_i=1/(i+1)$

D. 所有系数 β_i 都固定为 $1/k$

20. 关于随机过程 $y_t=\alpha+\beta t+\rho y_{t-1}+\varepsilon_t\,(t=1,2,\cdots)$，下列说法正确的是 （ ）

A. 如果 $\beta=0,\rho=1$，y_t 称为带漂移的随机游走过程。根据 α 的正负，y_t 表现出明显的上升或下降趋势。这种趋势称为确定性趋势

B. 如果 $\beta\neq0,\rho=0$，y_t 称为带时间趋势的随机变化过程。根据 β 的正负，y_t 表现出明显的上升或下降趋势。这种趋势称为随机性趋势

C. 如果 $\beta\neq0,\rho=1$，则 y_t 包含确定性与随机性两种趋势

D. 以上都不对

二、多选题（共5小题，每题2分，共计10分）

21. 对于样本回归线 $\hat{Y}_i=\hat{\beta}_0+\hat{\beta}_1X_i$，下列决定系数的算式正确的有 （ ）

A. $\dfrac{\sum\left(\hat{Y}_i-\bar{Y}\right)^2}{\sum\left(Y_i-\bar{Y}\right)^2}$　　B. $1-\dfrac{\sum\left(Y_i-\hat{Y}_i\right)^2}{\sum\left(Y_i-\bar{Y}\right)^2}$

C. $\dfrac{\hat{\beta}_1^2\sum\left(X_i-\bar{X}\right)^2}{\sum\left(Y_i-\bar{Y}\right)^2}$　　D. $\dfrac{\hat{\beta}_1\sum\left(X_i-\bar{X}\right)\left(Y_i-\bar{Y}\right)}{\sum\left(Y_i-\bar{Y}\right)^2}$

22. 下列有关调整的决定系数 $\bar{R}^2$ 与决定系数 R^2 之间的关系，正确的有 （ ）

A. $\bar{R}^2$ 与 R^2 均非负

B. 模型中包含的解释变量个数越多，$\bar{R}^2$ 与 R^2 就相差越大

C. 只要模型中包括截距项在内的参数的个数大于1，$\bar{R}^2$ 就大于 R^2

D. $\bar{R}^2$ 有可能大于 R^2

23. 工具变量法估计量是 ( )

A. 无偏估计量　　B. 有偏估计量

C. 一致估计量　　D. 非一致估计量

24. 如果多元线性模型解释变量存在近似多重共线性，OLS估计量满足 ( )

A. 线性性　　B. 无偏性

C. 有效性　　D. 一致性

25. Goldfeld-Quandt检验法的应用条件有 ( )

A. 将观测值按解释变量的大小排序

B. 样本容量尽可能大

C. 随机误差项服从正态分布

D. 将排列在中间的约1/4的观测值删除掉

三、判断题（共10小题，每题1分，共计10分）

26. 用公式表示的参数估计结果是参数估计值。 ( )

27. 总体回归函数中系数是随机变量，样本回归函数中系数是参数。 ( )

28. 决定系数R^2高的回归方程一定比决定系数R^2低的回归方程更能说明解释变量对被解释变量的解释能力。 ( )

29. 一旦工具变量选定，在估计过程中被使用的次序不影响估计结果。 ( )

30. 采用工具变量后，参数估计量满足一致性。 ( )

31. 多元线性模型解释变量间两两相关性较低，则无严重多重共线性。 ( )

32. 加权最小二乘法是让加权后的残差平方和最小。 ( )

33. 采用时间序列数据估计模型容易出现序列相关问题。 ( )

34. 引入虚拟变量后，OLS估计量只有在大样本情况下才是无偏的。 ( )

35. 在自适应预期模型中，滞后被解释变量与随机干扰项同期无关。 ( )

四、简答题（共3小题，每题5分，共计15分）

1. 计量经济学研究的基本步骤是什么？其中的核心内容是什么？

2. 线性回归模型有哪些基本假设？

3. 列举五种异方差的检验方法。

五、案例分析题（共3小题，每题15分，共计45分）

1. 已知描述某经济问题的线性回归模型为 $Y_i = \beta_0 + \beta_1 X_{1i} + \beta_2 X_{2i} + \mu_i$，并已根据样本容量为32的观察数据计算得

$$\left(\boldsymbol{X}'\boldsymbol{X}\right)^{-1} = \begin{bmatrix} 2.5 & -1.3 & -2.2 \\ -1.3 & 4.4 & -0.8 \\ -2.2 & -0.8 & 10.0 \end{bmatrix}, \quad \boldsymbol{X}'\boldsymbol{Y} = \begin{bmatrix} 2 \\ 1 \\ 1 \end{bmatrix}, \quad \boldsymbol{e}'\boldsymbol{e} = 2.9, \quad \text{TSS=24.9}$$

查表得 $F_{0.05}(2, 29) = 3.33$，$t_{0.005}(29) = 2.756$。

（1）求模型中三个参数的最小二乘估计值，并写出回归方程。

（2）进行模型的显著性水平为5%的方程显著性检验。

（3）求模型参数 β_2 的置信度为99%的置信区间。

2. 根据1889 ~ 1922年的美国制造业部门的年度数据，Dougherty获得如下回归模型：

$$\widehat{\ln Y} = 2.815 - 0.533\ln K + 0.912\ln L + 0.047t$$
$$t\ (2.036)\ (-1.562)\ (6.50)\ (2.238) \qquad \text{(a)}$$
$$F = 189.8$$

其中，Y为实际产出指数；K为实际资本投入指数；L为实际劳动力投入指数；t为时间或趋势。

利用同样的数据，他又获得以下回归：

$$\widehat{\ln(Y/L)} = -0.116 + 0.113\ln(K/L) + 0.006t$$
$$\text{Se}\quad (0.03)\ (0.15)\ (0.006) \qquad \text{(b)}$$
$$F = 19.5$$

已知$t_{0.025}(30) = 2.042$，$t_{0.025}(31) = 2.040$，$F_{0.05}(3, 30) = 2.92$，$F_{0.05}(2, 31) = 3.32$。

（1）回归式（a）中有没有多重共线性？为什么？

（2）回归式（b）的道理何在？

（3）如果回归式（a）中有多重共线性，回归式（b）是否修正了这一问题？为什么？

（4）回归式（a）中系数0.912和0.047的经济含义分别是什么？

3. 考虑下面的中国商品进口回归模型：

$$M_t = \beta_0 + \beta_1 \text{GDP}_t + \mu_t \quad (1)$$

其中，M_t为t年的中国商品进口总额；GDP_t为t年国内生产总值。利用1978～2011年中国商品进口总额和GDP数据，对该模型进行OLS估计得到如下结果：

$$\hat{M}_t = 158.64 + 0.02\text{GDP}_t$$
$$t \quad (3.62)\ (27.13) \quad (a)$$
$$F=163.121,\ \text{DW}=0.512$$

再用残差进行二、三、四阶自回归检验得到如下结果：

$$\hat{e}_t = 1.38e_{t-1} - 0.69e_{t-2}$$
$$t\ (7.57)\ (-9.88) \quad (b)$$
$$P\ (0.000\,0)\ (0.000\,0)$$

$$\hat{e}_t = 1.18e_{t-1} - 0.87e_{t-2} + 0.12e_{t-3}$$
$$t\ (4.59)\ (-3.88)\ (2.99) \quad (c)$$
$$P\ (0.000\,2)\ (0.001\,7)\ (0.005\,8)$$

$$\hat{e}_t = 1.18e_{t-1} - 0.87e_{t-2} + 0.12e_{t-3} - 0.06e_{t-4}$$
$$t\ (4.59)\ (-1.25)\ (0.39)\ (-0.98) \quad (d)$$
$$P\ (0.000\,2)\ (0.122\,1)\ (0.725\,6)\ (0.325\,7)$$

已知$\alpha = 5\%$，k=1，n=34时，d_L=1.393，d_U=1.514。

根据上述回归结果回答如下问题：

（1）检验模型（1）是否存在一阶自相关，若存在请说明正负。

（2）模型（1）是否存在高阶自相关（若存在请说明阶数），为什么？

（3）假设自相关系数已知，要用广义差分法克服模型（1）的序列相关问题，请写出广义差分模型。

（4）假设自相关系数未知，要用可行的广义差分法克服模型（1）的序列相关问题，自相关系数可用什么方法估计？试列举两种。

参考答案

第一章　导　论

一、单选题

1. C　2. B　3. A　4. A　5. B　6. A　7. D　8. C　9. C　10. B　11. C　12. A　13.D　14. C　15. A　16. C　17. D　18. C　19. A　20. A　21. D

二、多选题

1. ABD　2. ABD　3. ABCD　4. ABC　5. ABCD

三、判断题

1. √　2. ×　3. √　4. ×　5. √　6. √　7. ×　8. √　9. ×　10. ×

四、简答题

1. 计量经济学与经济理论、统计学、数学的联系主要体现在计量经济学对经济理论、统计学、数学的应用方面，分别如下。

（1）计量经济学对经济理论的应用主要体现在以下几个方面：①计量经济模型的选择和确定；②对经济模型的修改和调整；③对计量经济分析结果的解读和应用。

（2）计量经济学对统计学的应用：①数据的收集、处理；②参数估计；③参数估计值、模型和预测结果的可靠性的判断。

（3）计量经济学对数学的应用：①关于函数性质、特征等方面的知识；②对函数进行对数变换、求导及级数展开；③参数估计；④计量经济理论和方法的研究。

2. 模型的检验主要包括经济意义检验、统计检验、计量经济学检验、模型的预测检验。

（1）在经济意义检验中，需要检验模型是否符合经济意义，检验求得的参数估计值的符号、大小、参数之间的关系是否与根据人们的经验和经济理论所拟定的期望值相符合。

（2）在统计检验中，需要检验模型参数估计值的可靠性，即检验模型的统计学性质，有拟合优度检验、变量显著性检验、方程显著性检验等。

（3）在计量经济学检验中，需要检验模型的计量经济学性质，包括随机扰动项的序列相关性检验、异方差性检验、解释变量的多重共线性检验等。

（4）模型的预测检验，主要检验模型参数估计量的稳定性及对样本容量变化的灵敏度，以确定所建立的模型是否可以用于样本观测值以外的范围。

3. 计量经济学与经济统计学既有联系又有区别。

二者的联系：第一，计量经济分析所采用的数据的收集与处理、参数的估计等，需要使用统计学的方法和技术来完成；第二，参数估计值、模型的预测结果的可靠性，需要使用统计方法加以分析、判断。

二者的区别：第一，计量经济学以问题为导向，以经济模型为核心，统计学则是以数据为核心，常常也是以数据为导向的；第二，计量经济学对经济理论的实证作用较强，对经济问题有更重要的指导作用。

4. 没有标准答案，只要例子符合各类数据的基本特征就可以。

5. 计量经济模型的应用包括结构分析、经济预测、政策评价、检验经济理论、发展经济理论。

结构分析是对客观经济活动中变量之间关系的研究，主要分析经济变量或结构参数的变化对整个经济系统的影响。经济预测是利用估计了参数并通过了检验的模型，在样本数据以外，由已知或事先测定的解释变量，预测对应的被解释变量的数值。政策评价对各种可供选择的经济政策方案的实施后果进行模拟测算，从中选择较好的政策方案。检验经济理论是按照经济理论设定理论模型，利用实际经济数据对模型进行参数估计和检验，得出经济理论是否与客观经济事实相符的结论。发展经济理论是针对某一经济活动设定各种可能的模型，利用实际经济数据对各种模型进行参数估计和检验，从中发现与实际经济数据拟合最好的模型。

6. 参数估计量与参数估计值的区别：利用一定的参数估计方法估计模型参数，参数估计量是以公式形式表示的参数估计结果，是随机变量；参数估计值是将具体的样本观察数据代入参数估计公式得到的参数估计结果，是具体的数值，所代入的样本观测值不同，得到的参数估计值也有差异。

7. 计量经济学研究的基本步骤包括四个步骤，即理论模型的设定、模型参数的估计、模型的检验、模型的应用。

理论模型的设定是对经济问题的数学描述或模拟，涉及变量的设定、模型函数形式的设定、参数取值范围的设定三个方面。模型参数的估计是利用一定的参数估计方法结合样本数据，得到参数估计量或参数估计值。模型的检验是利用一定的方法检验模型的估计结果能否较好地反映经济变量之间的真实关系，包括经济意义检验、统计推断检验、计量经济检验、预测检验。模型的应用是指将对客观经济活动有较好模拟的模型用于实践，包括结构分析、经济预测、政策评价、检验和发展经济理论。

五、案例分析题

1. （1）不是。因为农村居民储蓄增加额与农村居民可支配收入总额有关，而与城镇居民可支配收入总额没有因果关系。

（2）不是。第t年农村居民纯收入对当年及以后年份的农村居民储蓄有影响，但并不对第$t-1$年的储蓄产生影响。

2. 一是居民收入总额RI_t前参数符号有误，应是正号；二是全社会固定资产投资总额IV_t这一解释变量的选择有误，它对社会消费品零售总额没有直接的影响。

3. （1）不合理，因为作为解释变量的第一产业、第二产业和第三产业的增加值是GDP的构成部分，三部分之和为GDP的值，因此三变量与GDP之间的关系并非随机关系，也非因果关系。

（2）不合理，一般来说财政收入影响财政支出，而非相反，因此若建立两者之间的模型，解释变量应该为财政收入，被解释变量应为财政支出；另外，模型没有给出具体的数学形式，是不完整的。

4. （1）β_1表示需求的收入弹性，当收入增加1%时，消费变动的百分比；β_2表示需求的价格弹性，当商品价格增加1%时，消费变动的百分比。

（2）收入弹性为正，价格弹性为负，符合正常商品的需求法则。但β_1、β_2的和应该接近于1，意味着收入和价格同时增加的时候，消费支出同比例增加，名义变量的改变不影响真实变量。

5. （1）教育回报，半弹性，表示其他条件不变时，当教育水平增加一单位的时候，工资变动的百分比。

（2）没有二次项，教育水平和薪水的对数是线性关系，当添加二次项之后，教育水平和薪水的对数之间的关系转变为抛物线的一部分。

（3）表示在其他条件不变时，性别差异带来的薪资差异。

（4）当父亲的薪水增加100%的时候，子女的薪水增加60%，父辈的薪资差异会导致下一代子女的薪资差异。

第二章　一元线性回归模型

一、单选题

1. D　2. B　3. D　4. D　5. A　6. C　7. D　8. C　9. C　10. B　11. B　12. B　13. B　14. D　15. A　16. C　17. D　18. A　19. B　20. B　21. D　22. A　23. C　24. B　25. D　26. D　27. B　28. A　29. B　30. C

二、多选题

1. ABC　2. ACD　3. BD　4. BCD　5. ABCD　6. ABD　7. ABC　8. ABCD　9. BCD　10. ABCD　11.　ABCD

三、判断题

1. ×　2. ×　3. √　4. ×　5. ×　6. ×　7. ×　8. √　9. √　10. ×　11. ×　12. ×　13. ×　14. ×　15. √

四、简答题

1. 计量经济模型考察的是变量间的随机因果关系的具体联系方式。随机因果关系意味着影响被解释变量的因素是复杂的，除了解释变量的影响外，还有其他无法在模型中独立列出的各种因素的影响。因此，在理论模型中就必须使用一个称为随机干扰项的随机变量来代表所有这些无法在模型中独立表示出来的影响因素，以保证模型在理论上的科学性。

2. 将被解释变量的条件期望表示为解释变量的某种函数，这个函数就称为总体回归函数，其一般表达式为$E(Y|X_i)=f(X_i)$，一元线性总体回归函数为$E(Y|X_i)=\beta_0+\beta_1X_i$；样本回归函数是将被解释变量$Y$的样本观测值的拟合值表示为解释变量的某种函数$\hat{Y}_i=f(X_i)$，一元线性样本回归函数为$\hat{Y}_i=\hat{\beta}_0+\hat{\beta}_1X_i$。

样本回归函数是总体回归函数的一个近似。总体回归函数具有理论上的意义，但其具体的参数不可能真正知道，只能通过样本估计。样本回归函数就是总体回归函数的参数用其估计值替代之后的形式，即$\hat{\beta}_0$、$\hat{\beta}_1$分别为β_0、β_1的估计值。

3. 可决系数R^2=ESS/TSS=1−RSS/TSS，含义为由解释变量引起的被解释变量的变化占被解释变量总变化的比重，用来判定回归直线拟合的优劣，该值越大说明拟合得越好；而残差平方和与样本容量关系密切，当样本容量比较小时，残差平方和的值也比较小，尤其是不同样本得到的残差平方和是不能做比较的。此外，检验统计量一般应使用相对量而不能用绝对量，因而不能使用残差平方和判断模型的拟合优度。

4. 普通最小二乘法所保证的最好拟合是同一个问题内部的比较，即使给出的样本数据满足残差的平方和最小；拟合优度检验结果所表示的优劣可以对不同的问题进行比较，即可以辨别不同的样本回归结果的好坏。

5. 在满足基本假设的情况下，一元线性回归模型的普通最小二乘参数估计量是最佳线性无偏估计量，具有以下三个方面的性质：①线性性，即参数估计量是被解释变量的线性组合；②无偏性，即参数估计量的期望等于其真实值；③有效性，即在所有的线性无偏估计量中，最小二乘估计量的方差是最小的。

6. 最大似然法的基本思想是使从模型中取得样本观察数据的概率最大，即把随机抽取得到的样本观察数据看作重复抽取中最容易得到的样本观察数据，参数估计结果应该反映这一情况，使得到的模型能以最大概率产生样本数据。

7. 基本假设：①解释变量是确定性变量；②随机误差项具有零均值，同方差，在不同样本点之间独立，不存在序列相关；③随机误差项与解释变量不相关；④随机误差项服从正态分布；⑤模型是正确设定的。

违背基本假设的模型还是可以估计的，只是不能直接使用普通最小二乘法进行估计。

五、案例分析题

1.（1）收入、年龄、家庭状况、政府的相关政策等都是影响生育率的重要因素，在上述简单回归模型中，它们被包含在了随机扰动项之中。有些因素可能与受教育水平相关，如收入水平与受教育水平往往呈正相关关系、年龄大小与受教育水平呈负相关关系等。

（2）当归结在随机扰动项中的重要影响因素与模型中的受教育水平educ相关时，上述回归模型不能够揭示教育对生育率在其他条件不变下的影响，因为这时出现解释变量与随机扰动项相关的情形，基本假设 3 不满足。

2. （1）$\alpha+\beta N$ 为接受过N年教育的员工的总体平均起始薪金。当N为零时，平均薪金为 α，因此 α 表示没有接受过教育的员工的平均起始薪金。β 是N每变化一单位所引起的E的变化，即表示每多接受一年教育所对应的薪金增加值。

（2）OLS估计量 $\hat{\alpha}$ 和 $\hat{\beta}$ 仍满足线性性、无偏性及有效性，因为这些性质的成立无须随机扰动项 μ 的正态分布假设。

（3）如果 μ 的分布未知，则所有的假设检验都是无效的。因为t 检验与F 检验是建立在 μ 的正态分布假设之上的。

（4）考察被解释变量度量单位变化的情形。以E^*表示以100元为度量单位的薪金，则

$$E = E^* \times 100 = \alpha + \beta N + \mu$$

由此有如下新模型：

$$E^* = (\alpha/100) + (\beta/100) N + (\mu/100)$$

或

$$E^* = \alpha^* + \beta^* N + \mu^*$$

这里 $\alpha^* = \alpha/100$，$\beta^* = \beta/100$。所以新的回归系数将为原始模型回归系数的1/100。

（5）再考虑解释变量度量单位变化的情形。设N^*为用月表示的新员工受教育的时间长度，则$N^*=12N$，于是

$$E = \alpha+\beta N + \mu = \alpha + \beta(N^*/12) + \mu$$

或

$$E = \alpha + (\beta/12) N^* + \mu$$

可见，估计的截距项不变，而斜率项将为原回归系数的1/12。

3. （1）β 为收入的边际储蓄倾向，表示人均收入每增加1美元时人均储蓄的预期平均变化量。

（2）由于收入为零时，家庭仍会有支出，可预期零收入时的平均储蓄为负，因此 α 符号应为负。储蓄是收入的一部分，且会随着收入的增加而增加，因此预期 β 的符号为正。实际的回归式中，β 的符号为正，与预期的一致。但截距项为正，与预期不符。这可能是模型的错误设定造成的。例如，家庭的人口数可能影响家庭的储蓄行为，省略该变量将对截距项的估计产生影响；另外，线性设定可能不正确。

（3）拟合优度刻画解释变量对被解释变量变化的解释能力。模型中53.8%的拟合优度，表明收入的变化可以解释储蓄中53.8%的变动。

（4）检验单个参数采用t检验，零假设为参数为零，备择假设为参数不为零。在零假设下t分布的自由度为$n-2=36-2=34$。由t分布表知，1%显著性水平下的临界值介于2.750与2.704之间。斜率项的t值为0.067/0.011=6.09，截距项的t值为384.105/151.105=2.54。可见斜率项的t值大于临界值，截距项小于临界值，因此拒绝斜率项为零的假设，但不拒绝截距项为零的假设。

4. （1）这是一个横截面回归。

（2）截距2.691 1表示咖啡零售价为每磅0美元时，每天每人平均消费量为2.691 1杯，这个数字没有经济意义；斜率-0.479 5表示咖啡零售价与消费量负相关，价格上升1美元/磅，则平均每天每人消费量减少0.479 5杯。

（3）不能。

（4）不能；在同一条需求曲线上不同点的价格弹性不同，若要求出，须给出具体的X值及与之对应的Y值。

5. 能用一元线性回归模型进行分析。因为：

对方程左右两边取对数可得

$$\ln y_i = \ln A + \frac{\alpha}{2}\ln(x_i - 5) + \mu_i$$

令$\ln y_i = y_i'$、$\ln A = \beta_0$、$\frac{\alpha}{2} = \beta_1$、$\ln(x_i - 5) = x_i'$，可得一元线性回归模型：

$$y_i' = \beta_0 + \beta_1 x_i' + \mu_i$$

6. 列表计算得

$$\bar{X} = 3\,065.556,\ \ \bar{Y} = 2\,802.778$$

$$\sum_{i=1}^{n} x_i y_i = 116\,951\,422.22,\ \sum_{i=1}^{n} x_i^2 = 148\,063\,044.44$$

据此可计算出

$$\hat{\beta}_1 = \frac{\sum_{i=1}^{n} x_i y_i}{\sum_{i=1}^{n} x_i^2} = \frac{116\,951\,422.22}{148\,063\,044.44} = 0.789\,876$$

$$\hat{\beta}_0 = \bar{Y} - \hat{\beta}_1 \bar{X} = 2\,802.778 - 0.789\,876 \times 3\,365.556 = 144.406\,1$$

回归直线方程为

$$\hat{Y}_i = 144.406\,7 + 0.789\,876 X_i$$

进一步列表计算得$\sum_{i=1}^{n} e_i^2 = 153\,857.8$，这里，$n$=18，所以

$$\hat{\sigma}_\mu^2 = \frac{1}{n-2}\sum_{i=1}^{n} e_i^2 = \frac{1}{18-2} \times 153\,857.8 = 9\,616.11$$

7. （1）建立回归模型$Y_i = \beta_1 + \beta_2 X_i + \mu_i$。

用OLS法估计参数

$$\hat{\beta}_2 = \frac{\sum(X_i - \bar{X})(Y_i - \bar{Y})}{\sum(X_i - \bar{X})^2} = \frac{\sum x_i y_i}{\sum x_i^2} = \frac{334\,229.09}{425\,053.73} = 0.786\,3$$

$$\hat{\beta}_1 = \bar{Y} - \hat{\beta}_2 \bar{X} = 549.8 - 0.786\,3 \times 647.88 = 40.37$$

估计结果为

$$\hat{Y}_i = 40.37 + 0.786\,3 X_i$$

说明该百货公司销售收入每增加1元，平均销售成本将增加0.786 3元。

（2）可决系数为

$$R^2=\frac{\sum \hat{y}_i^2}{\sum y_i^2}=\frac{\sum(\hat{\beta}_2 x_i)^2}{\sum y_i^2}=\frac{\hat{\beta}_2^2\sum x_i^2}{\sum y_i^2}$$

$$=\frac{0.786\,3^2\times 425\,053.73}{262\,855.25}=\frac{262\,796.99}{262\,855.25}=0.999\,778$$

由 $r^2=1-\frac{\sum e_i^2}{\sum y_i^2}$ 可得

$$\sum e_i^2=(1-R^2)\sum y_i^2=(1-0.999\,778)\times 262\,855.25=58.353\,9$$

回归估计的标准误差 $\hat{\sigma}=\sqrt{\sum e_i^2/(n-2)}=\sqrt{58.353\,9/(12-2)}=2.415\,7$。

（3）对 β_2 进行显著水平为5%的显著性检验

$$t^*=\frac{\hat{\beta}_2-\beta_2}{\widehat{\mathrm{SE}}(\hat{\beta}_2)}=\frac{\hat{\beta}_2}{\widehat{\mathrm{SE}}(\hat{\beta}_2)}\sim t(n-2)$$

$$\widehat{\mathrm{SE}}(\hat{\beta}_2)=\frac{\hat{\sigma}}{\sqrt{\sum x_i^2}}=\frac{12.415\,7}{\sqrt{425\,053.73}}=0.003\,7$$

$$t^*=\frac{\hat{\beta}_3}{\widehat{\mathrm{SE}}(\hat{\beta}_2)}=\frac{0.786\,3}{0.003\,7}=212.514$$

查表得 α=5%时，$t_{0.025}$（12−2）=2.228<t^*=212.514，表明 β_2 显著不为0，销售收入对销售成本有显著影响。

（4）$\hat{Y}_i=66.287\,2+0.786\,3X_i=66.287\,2+0.786\,3\times 800=695.327\,2$万元

预测区间为

$$Y_F=\hat{Y}_F\mp t_{\alpha/2}\hat{\sigma}\sqrt{\frac{1}{n}+\frac{(X_F-\bar{X})^2}{\sum x_i^2}}$$

$$Y_F=\hat{Y}_F\mp t_{\alpha/2}\hat{\sigma}\sqrt{\frac{1}{n}+\frac{(X_F-\bar{X})^2}{\sum x_i^2}}$$

$$=695.327\,2\mp 2.228\times 2.415\,7\times\sqrt{\frac{1}{12}+\frac{(800-647.88)^2}{425\,053.73}}$$

$$=695.327\,2\mp 1.997\,8$$

8.（1）由第1个正规方程 $\sum e_t=0$ 得 $\sum\left(Y_t-\tilde{\beta}_1 X_t\right)=0$ 或 $\sum Y_t=\tilde{\beta}_1\sum X_t$。

求解得

$$\tilde{\beta}_1=\bar{Y}/\bar{X}$$

由第2个正规方程 $\sum X_t\left(Y_t-\hat{\beta}_1 X_t\right)=0$ 得 $\sum X_t Y_t=\hat{\beta}_1\sum X_t^2$。

求解得

$$\hat{\beta}_1=\left(\sum X_tY_t\right)/\left(\sum X_t^2\right)$$

（2）对于 $\tilde{\beta}_1=\bar{Y}/\bar{X}$，求期望

$$\begin{aligned}E(\tilde{\beta}_1)&=E(\bar{Y}/\bar{X})\\&=\frac{1}{\bar{X}}E\left[\frac{1}{n}(\beta_1X_t+\mu_t)\right]\\&=\frac{1}{\bar{X}}\left[E\left(\frac{\beta_1X_t}{n}\right)+E(\mu_t)\right]\\&=\frac{\bar{X}}{\bar{X}}\beta_1=\beta_1\end{aligned}$$

这里用到了X_t的非随机性。

对于 $\hat{\beta}_1=\left(\sum X_tY_t\right)/\left(\sum X_t^2\right)$，求期望

$$\begin{aligned}E(\hat{\beta}_1)&=E\left(\sum X_tY_t/\sum X_t^2\right)\\&=\left(\frac{1}{\sum X_t^2}\right)\sum E(X_tY_t)\\&=\left(\frac{1}{\sum X_t^2}\right)\sum E[X_t(\beta_1X_t+\mu_t)]\\&=\left(\frac{1}{\sum X_t^2}\right)\beta_1\sum(X_t^2)+\left(\frac{1}{\sum X_t^2}\right)\sum X_tE(\mu_t)=\beta_1\end{aligned}$$

（3）要想拟合值 $\hat{Y}=\hat{\beta}_1X$ 通过点$(\bar{X},\ \bar{Y})$，$\hat{\beta}_1\bar{X}$ 必须等于 $\bar{Y}$。但 $\hat{\beta}_1\bar{X}=\dfrac{\sum X_tY_t}{\sum X_t^2}\bar{X}$，通常不等于 $\bar{Y}$。这就意味着点$(\bar{X},\ \bar{Y})$不太可能位于直线 $\hat{Y}=\hat{\beta}_1X$ 上。

相反的，由于 $\tilde{\beta}_1\bar{X}=\bar{Y}$，所以直线 $\hat{Y}=\tilde{\beta}_1X$ 经过点$(\bar{X},\ \bar{Y})$。

（4）OLS方法要求残差平方和最小。

$$\text{Min RSS}=\sum e_t^2=\sum(Y_t-\hat{\beta}_1X_t)^2$$

关于 $\hat{\beta}_1$ 求偏导得

$$\frac{\partial \text{RSS}}{\partial\hat{\beta}_1}=2\sum(Y_t-\hat{\beta}_1X_t)(-X_t)=0$$

即

$$\sum X_t\left(Y_t-\hat{\beta}_1X_1\right)=0,\quad \hat{\beta}_1=\left(\sum X_iY_i\right)/\left(\sum X_i^2\right)$$

可见 $\hat{\beta}_1$ 是OLS估计量。

9.（1）当 $Y_f=1\,000$ 时，消费支出C的点预测值 $\hat{C}_i=50+0.6\times1\,000=650$ 元。

（2）平均值的预测区间：

已知 $\hat{C}_i=650$，$t_{0.025}(10)=2.23$，$\hat{\sigma}^2\dfrac{\sum e_i^2}{n-2}=\dfrac{300}{12-2}=30$，

$$\left[\left(\hat{C}_f-t_{\alpha/2}\hat{\sigma}\sqrt{\frac{1}{n}+\frac{(Y_f-\bar{Y})^2}{\sum y_i^2}}\right),\quad\left(\hat{C}_f+t_{\alpha/2}\hat{\sigma}\sqrt{\frac{1}{n}+\frac{(Y_f-\bar{Y})^2}{\sum y_i^2}}\right)\right]$$

$$=\left[\left(650-2.23\times\sqrt{30}\times\sqrt{\frac{1}{12}+\frac{(1\,000-800)^2}{8\,000}}\right),\quad\left(650+2.23\times\sqrt{30}\times\sqrt{\frac{1}{12}+\frac{(1\,000-800)^2}{8\,000}}\right)\right]$$

$=(650-27.538\,0,\quad 650+27.538\,0)=(622.46,\quad 677.54)$

当 $Y_f=1\,000$ 时，在95%的置信概率下，消费支出 C 平均值的预测区间为（622.46，677.54）元。

（3）个别值的预测区间：

$$\left[\left(\hat{C}_f-t_{\alpha/2}\hat{\sigma}\sqrt{1+\frac{1}{n}+\frac{(Y_f-\bar{Y})^2}{\sum y_i^2}}\right),\left(\hat{C}_f+t_{\alpha/2}\hat{\sigma}\sqrt{1+\frac{1}{n}+\frac{(Y_f-\bar{Y})^2}{\sum y_i^2}}\right)\right]$$

$$=\left[\left(650-2.23\times\sqrt{30}\times\sqrt{1+\frac{1}{12}+\frac{(1\,000-800)^2}{8\,000}}\right),\left(650+2.23\times\sqrt{30}\times\sqrt{1+\frac{1}{12}+\frac{(1\,000-800)^2}{8\,000}}\right)\right]$$

$=(650-30.124\,7,\quad 650+30.124\,7)$

$=(619.88,\quad 680.12)$ 元

当 $Y_f=1\,000$ 时，在95%的置信概率下，消费支出 C 个别值的预测区间为（619.88，680.12）元。

10.（1）

收入/美元	平均消费支出/美元
80	65
100	77
120	89
140	101
160	113
180	125
200	137
220	149
240	161
260	173

（2）

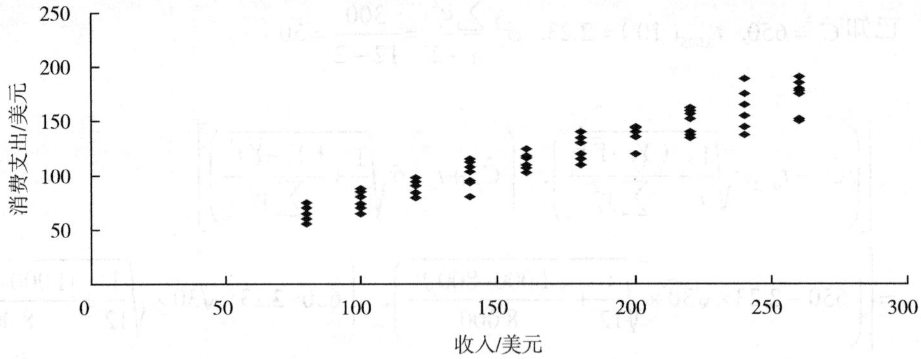

（3）

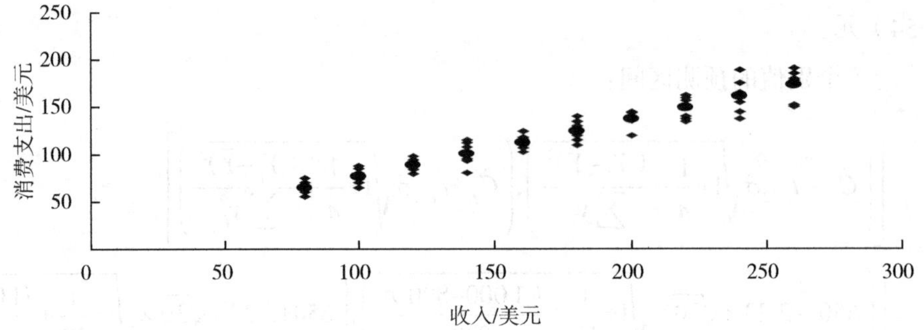

（4）存在线性关系。

（5）总体回归函数：$E(Y_i/X)=\beta_0+\beta_1 X_i+\mu_i$

样本回归函数：$\hat{Y}_i=17+0.6X_i$

六、上机题

1.（1）使用EViews软件，ASP对GPA分数的回归结果如下表所示。

Dependent Variable: ASP				
Variable	Coefficient	Std. Error	*t*-Statistic	Prob.
GPA	105 117.58	26 347.086	3.989 723 4	0.000 431 9
C	−273 722.5	85 758.314	−3.191 79	0.003 476 6
R-squared	0.362 446 6	Mean dependent var		68 260
Adjusted *R*-squared	0.339 676 9	S. D. dependent var		18 187. 78
S. E. of regression	14 779.439	Akaike info criterion		22. 104 202
Sum squared resid	6.116×10^9	Schwarz criterion		22. 197 615
Log likelihood	−329.563	*F*-statistic		15. 917 893
Durbin-Watson stat	1.006 275 6	Prob（*F*-statistic）		0. 000 431 9

从回归结果看，GPA分数的系数是统计显著的，对ASP有正的影响。

（2）使用EViews软件，ASP对GMAT分数的回归结果如下表所示。

Dependent Variable: ASP				
Variable	Coefficient	Std. Error	*t*-Statistic	Prob.
GMAT	641.659 8	76.150 36	8.426 222	0
C	−332 306.8	47 572.09	−6.985 332	0
R-squared	0.717 175	Mean dependent var		68 260
Adjusted *R*-squared	0.707 074	S. D. dependent var		18 187.78
S. E. of regression	9 843.701	Akaike info criterion		21.291 39
Sum squared resid	2.71×10^{9}	Schwarz criterion		21.384 8
Log likelihood	−317.370 9	*F*-statistic		71.001 22
Durbin-Watson stat	1.128 809	Prob（*F*-statistic）		0

从回归结果看，GMAT分数与ASP显著正相关。

（3）使用EViews软件，ASP对学费X的回归结果如下表所示。

Dependent Variable：ASP				
Variable	Coefficient	Std. Error	*t*-Statistic	Prob.
X	2.633 483	0.551 601	4.774 252	0.000 1
C	23 126.32	9 780.863	2.364 446	0.025 2
R-squared	0.448 748	Mean dependent var		68 260
Adjusted *R*-squared	0.429 061	S. D. dependent var		18 187.78
S. E. of regression	13 742.78	Akaike info criterion		21.958 76
Sum squared resid	5.29×10^{9}	Schwarz criterion		22.052 17
Log likelihood	−327.381 3	*F*-statistic		22.793 48
Durbin-Watson stat	1.142 178	Prob（*F*-statistic）		0.000 051

从计算结果看，每年的学费与ASP显著正相关。学费高，ASP就高；但学费仅解释了ASP变化的一部分（不到50%），明显还有其他因素影响着ASP。

（4）使用EViews软件回归结果如下表所示。

Dependent Variable: GPA				
Variable	Coefficient	Std. Error	*t*-Statistic	Prob.
X	6.17×10^{-6}	4.09×10^{-6}	1.507 952	0.142 8
C	3.147 579	0.072 559	43.379 36	0
R-squared	0.075 112	Mean dependent var		3.253 333
Adjusted *R*-squared	0.042 08	S. D. dependent var		0.104 166
S. E. of regression	0.101 951	Akaike info criterion		−1.664 311
Sum squared resid	0.291 032	Schwarz criterion		−1.570 897
Log likelihood	26.964 66	*F*-statistic		2.273 92
Durbin-Watson stat	1.702 758	Prob（*F*-statistic）		0.142 768

从回归结果看，尽管高学费的商业学校与高质量的MBA成绩略有正向相关性，但学费对GPA分数的影响是不显著的，因而无法得出学费是影响GPA分数的主要原因的结论。

2. （1）利用所给数据作图，如下图所示。

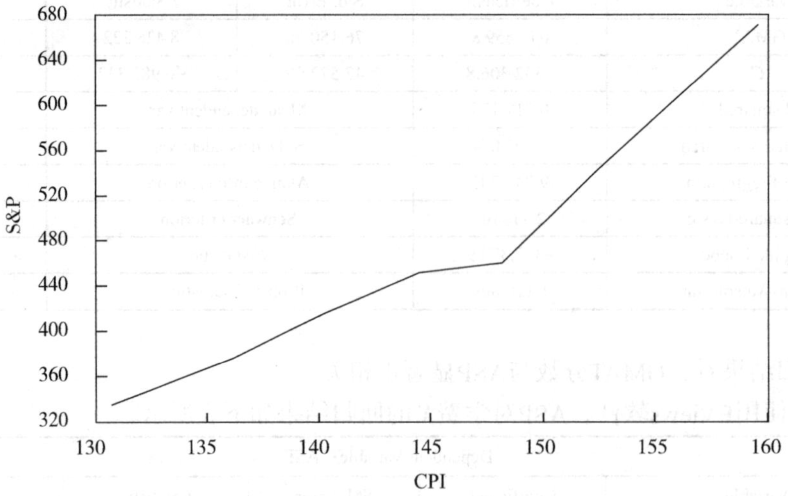

（2）从上图可见，CPI指数与S&P指数正相关，且呈近似的线性关系。

（3）使用EViews软件回归结果如下表所示。

Dependent Variable: S&P				
Variable	Coefficient	Std. Error	t-Statistic	Prob.
CPI	11.083 61	1.228 555	9.021 662	0.000 3
C	−1 137.826	177.948 8	−6.394 122	0.001 4
R-squared	0.942 123	Mean dependent var		464.388 6
Adjusted R-squared	0.930 548	S. D. dependent var		112.372 8
S. E. of regression	29.614 48	Akaike info criterion		9.849 36
Sum squared resid	4 385.086	Schwarz criterion		9.833 906
Log likelihood	−32.472 76	F-statistic		81.390 39
Durbin-Watson stat	1.187 041	Prob（F-statistic）		0.000 279

回归结果显示，CPI指数与S&P指数正相关，斜率表示当CPI指数变化1点，会使S&P指数变化11.08点；截距表示当CPI指数为0时，S&P指数为−1 137.826，此数据没有明显的经济意义。

第三章　多元线性回归模型

一、单选题

1. C　2. A　3. B　4. A　5. C　6. C　7. A　8. D　9. B　10. D　11. B　12. A　13. D　14. D　15. D　16. A　17. D　18. C　19. A　20. B　21. A　22. B　23. C　24. C

二、多选题

1. ACD 2. BCD 3. BCD 4. BC 5. AD 6. BCD 7. ABC 8. BC 9. BC 10. BCD 11. BC

三、判断题

1. √ 2. √ 3. × 4. × 5. √ 6. √ 7. × 8. √ 9. × 10. √ 11. × 12. × 13. × 14. ×

四、简答题

1. 多元线性回归模型与一元线性回归模型的区别表现在如下几个方面：一是解释变量的个数不同；二是模型的经典假设不同，多元线性回归模型比一元线性回归模型多了"解释变量之间不存在线性相关关系"的假定；三是多元线性回归模型的参数估计式的表达更为复杂。

2. 在满足经典假设的条件下，参数的最小二乘估计量具有线性性、无偏性及有效性，所以被称为最优线性无偏估计量（BLUE）。

对于多元线性回归最小二乘估计的正规方程组，能解出唯一的参数估计量的条件是（$\boldsymbol{X'X}$）$^{-1}$存在，或者说各解释变量间不完全线性相关。

3. $\hat{\beta}_2$、$\hat{\beta}_3$的最小二乘估计为 $\text{Min}\sum e_i^2 = \sum[Y_i - \hat{\beta}_2 X_{2i} + \hat{\beta}_3 X_{3i}]^2$ 的估计量。

正规方程组为

$$\begin{cases}\sum[Y_i - (\hat{\beta}_2 X_{2i} + \hat{\beta}_3 X_{3i})]X_{2i} = 0\\ \sum[Y_i - (\hat{\beta}_2 X_{2i} + \hat{\beta}_3 X_{3i})]X_{3i} = 0\end{cases}$$

解此方程组可得$\hat{\beta}_2$、$\hat{\beta}_3$的估计量

$$\hat{\beta}_2 = \frac{\left(\sum Y_i X_{2i}\right)\left(\sum X_{3i}^2\right) - \left(\sum Y_i X_{3i}\right)\left(\sum X_{2i} X_{3i}\right)}{\left(\sum X_{2i}^2\right)\left(\sum X_{3i}^2\right) - \left(\sum X_{2i} X_{3i}\right)^2}$$

$$\hat{\beta}_3 = \frac{\left(\sum Y_i X_{3i}\right)\left(\sum X_{2i}^2\right) - \left(\sum Y_i X_{2i}\right)\left(\sum X_{2i} X_{3i}\right)}{\left(\sum X_{2i}^2\right)\left(\sum X_{3i}^2\right) - \left(\sum X_{2i} X_{3i}\right)^2}$$

正规方程中，没有$\sum e_i = 0$，所以当模型没有截距项时，不能保证残差和为零。

4. 对R^2修正的原因：R^2是模型中解释变量个数的非减函数，也就是说，随着模型中解释变量个数的增加，R^2的值会变大，这样为了得到拟合优度较高的模型，似乎加入更多解释变量是合理选择。但是，在建立计量经济模型时，一些影响被解释变量的次要因素没有必要以显性形式作为解释变量出现在模型中，因为，随着解释变量个数增加，待估计的参数也会增多，由此造成样本自由度减少，模型参数估计准确性下降。因此，在多元回归模型背景下，仅仅依据R^2进行模型比较和选择就会产生问题，在增加新的解释变量时，必须对由其带来的模型自由度下降这一"负面影响"而做出惩罚，因此需要对

R^2做出相应的修正。

5. 建立多元回归模型时，究竟该引入多少个解释变量视情况而定。如果所建立的计量模型是为验证某一经济理论，则引入变量个数取决于经济理论，如建模目的是检验CAPM模型，则只需包含一个解释变量。如果是根据经验而建立的模型，在样本容量允许的条件下，可以加入较多解释变量，以得到所关注变量对被解释变量的“净”影响。当然，此时，应当考虑做包含多余变量、遗漏变量等方面的模型设定检验。

6. 这一假定是针对解释变量之间的关系而设定的，根本目的是保证模型可估计，如果解释变量之间存在共线性，会造成数据观测矩阵 $\boldsymbol{X}$ 非列满秩，模型参数无法估计。

五、案例分析题

1. （1）sibs对劳动者受教育的年数有预期影响。因此在收入及支出预算约束一定的条件下，子女越多的家庭，每个孩子接受教育的时间会越短。

根据多元回归模型偏回归系数的含义，sibs前的参数估计值-0.094表明，在其他条件不变的情况下，每增加1个兄弟姐妹，受教育年数会减少0.094年，因此，要减少1年受教育的时间，兄弟姐妹需增加1/0.094=10.6个。

（2）medu的系数表示当兄弟姐妹数与父亲受教育的年数保持不变时，母亲每增加1年受教育的时间，其子女作为劳动者就会预期增加0.131年的教育时间。

（3）首先计算两人受教育的年数分别为。

$$10.36+0.131\times12+0.210\times12=14.452，\ 10.36+0.131\times16+0.210\times16=15.816$$

因此，两人的受教育年限的差别为15.816−14.452=1.364。

2. （1）在给定5%显著性水平的情况下，进行t检验。

P_t参数的 t 值：$\dfrac{0.364}{0.080}=4.550$

P_{t-1}参数的 t 值：$\dfrac{0.004}{0.072}=0.056$

U_t参数的 t 值：$\dfrac{-2.560}{0.658}=-3.891$

在5%显著性水平下，自由度为19−3−1=15的t分布的临界值为 $t_{0.025}$（15）=2.131，P_t、U_t的参数显著不为0，但不能拒绝P_{t-1}的参数为0的假设。

（2）回归式表明影响工资水平的主要原因是当期的物价水平、失业率，前期的物价水平对其影响不显著，当期的物价水平与工资水平成正向变动、失业率与工资水平成相反变动，符合经济理论，模型正确。可以将P_{t-1}从模型中删除。

3. （1）ln（X_1）的系数含义是在其他条件不变时，Y的绝对变化量与X的相对变动量之间的关系，即Y的绝对变化量等于X的相对变动量乘以该系数，这里，$\Delta Y=0.32\Delta\ln(X_1)=0.32(\Delta X_1/X_1)$。由此，如果$X_1$增加10%，$Y$会增加0.032单位。

（2）针对备择假设H_1：$\beta_1\neq0$，检验原假设H_0：$\beta_1=0$。易知相应的t统计量的值为t=0.32/0.22=1.455。在5%的显著性水平下，自由度为32−3=29的t分布的临界值为2.045，计算出的$|t|$小于该临界值，所以不拒绝原假设。这意味着销售额对R&D强度的影响不显

著。在10%的显著性水平下，t分布的临界值为1.699，计算的$|t|$小于该值，不拒绝原假设，意味着销售额对R&D强度的影响不显著。

（3）X_2的参数估计值的t统计值为0.05/0.46=1.087，它比10%显著性水平下的临界值还小，因此可以认为它对Y在统计上没有显著的影响。

4.（1）答案与真实情况是否一致不一定，因为题目未告知是否通过了经济意义检验。猜测如下：X_1为学生数量，X_2为附近餐厅的盒饭价格，X_3为气温，X_4为校园内食堂的盒饭价格。

（2）理由是被解释变量应与学生数量成正比，并且应该影响显著；被解释变量应与本食堂盒饭价格成反比，这与需求理论相吻合；被解释变量应与附近餐厅的盒饭价格成正比，因为彼此有替代作用；被解释变量应与气温的变化关系不是十分显著，因为大多数学生不会因为气温变化不吃饭。

5. （1）样本容量为n=14+1=15

RSS=TSS−ESS=66 042−65 965=77

ESS的自由度为d.f.= 2，RSS的自由度为d.f.=n−2−1=12

（2）R^2=ESS/TSS=65 965/66 042=0.998 8

$\bar{R}^2=1-(1-R^2)(n-1)/(n-k-1)=1-0.0012\times14/12=0.9986$

（3）应该采用方程显著性检验，即F检验，理由是只有这样才能判断X_1、X_2一起是否对Y有影响。

（4）不能。因为通过上述信息，仅可初步判断X_1、X_2联合起来对Y有线性影响，两者的变化解释了Y变化的99.86%。但由于无法知道X_1、X_2前参数的具体估计值，因此还无法判断它们各自对Y的影响有多大。

6. （1）方程B更合理些。原因是：方程B中的参数估计值的符号与现实更接近。例如，与日照的小时数同向变化，天长则慢跑的人会多些；与第二天需交学期论文的班级数成反向变化。

（2）解释变量的系数表明该变量的单位变化，在方程中其他解释变量不变的条件下，对被解释变量的影响，由于在方程A和方程B中选择了不同的解释变量，方程A选择的是“该天的最高温度”，而方程B选择的是“第二天需交学期论文的班级数”，造成了X_2与这两个变量之间关系的不同，所以用相同的数据估计相同的变量得到了不同的符号。

7. （1）在降雨量不变时，每亩增加1千克肥料将使当年的玉米产量增加0.1千克/亩；在每亩施肥量不变的情况下，每增加1毫米的降雨量将使当年的玉米产量增加5.33千克/亩。

（2）在种地的一年中不施肥也不下雨的现象同时发生的可能性很小，所以玉米的负产量不可能存在。事实上，这里的截距无实际意义。

（3）如果β_F的真实值为0.40，则表明其估计值与真实值有偏误，但不能说β_F的估计是有偏估计。理由是0.1是β_F的一个估计值，而所谓估计的有偏性是针对估计的期望来说的，即如果取遍所有可能的样本，这些参数估计值的平均值与0.40有偏误的话，才能说估计是有偏的。

（4）不一定。即便该方程并不满足所有的经典模型假设，不是最佳线性无偏估计量，β_{RS}的真实值也有等于5.33的可能性。因为有偏估计意味着参数估计的期望不等于参数本身，并不排除参数的某一估计值恰好等于参数的真实值的可能性。

8. （1）$\hat{\boldsymbol{B}}=(\boldsymbol{X'X})^{-1}\boldsymbol{X'Y}=\begin{bmatrix}2.5 & -1.3 & -2.2\\ -1.3 & 4.4 & -0.8\\ -2.2 & -0.8 & 5.0\end{bmatrix}\begin{bmatrix}4\\2\\2\end{bmatrix}=\begin{bmatrix}3\\2\\-0.4\end{bmatrix}$

（2）$F=\dfrac{\text{ESS}/k}{\text{RSS}/(n-k-1)}=\dfrac{\frac{20.2}{2}}{\frac{5.8}{29}}=50.5>F_{0.05}(2,\ 29)=3.33$

通过方程显著性检验

（3）$\widehat{SE}\left(\hat{\beta}_2\right)=\sqrt{C_{33}\dfrac{\boldsymbol{e'e}}{n-k-1}}=\sqrt{5\times\dfrac{5.8}{29}}=1$

$\left(\hat{\beta}_2\pm t_{\frac{\alpha}{2}}\widehat{SE}\left(\hat{\beta}_2\right)\right)=(-0.4\pm 2.756\times 1)$

β_2的99%的置信区间为（-3.156，2.356）

9. （1）证明：

$$\begin{bmatrix}\hat{\alpha}_1\\ \hat{\alpha}_2\\ \hat{\alpha}_3\end{bmatrix}=\left(\begin{bmatrix}1 & X_{21} & X_{31}\\ 1 & X_{22} & X_{32}\\ \vdots & \vdots & \vdots\\ 1 & X_{2n} & X_{3n}\end{bmatrix}'\begin{bmatrix}1 & X_{21} & X_{31}\\ 1 & X_{22} & X_{32}\\ \vdots & \vdots & \vdots\\ 1 & X_{2n} & X_{3n}\end{bmatrix}\right)^{-1}\begin{bmatrix}1 & X_{21} & X_{31}\\ 1 & X_{22} & X_{32}\\ \vdots & \vdots & \vdots\\ 1 & X_{2n} & X_{3n}\end{bmatrix}'\begin{bmatrix}Y_1-X_{21}\\ Y_2-X_{22}\\ \vdots\\ Y_n-X_{2n}\end{bmatrix}$$

$$=\left(\begin{bmatrix}1 & X_{21} & X_{31}\\ 1 & X_{22} & X_{32}\\ \vdots & \vdots & \vdots\\ 1 & X_{2n} & X_{3n}\end{bmatrix}'\begin{bmatrix}1 & X_{21} & X_{31}\\ 1 & X_{22} & X_{32}\\ \vdots & \vdots & \vdots\\ 1 & X_{2n} & X_{3n}\end{bmatrix}\right)^{-1}\begin{bmatrix}1 & X_{21} & X_{31}\\ 1 & X_{22} & X_{32}\\ \vdots & \vdots & \vdots\\ 1 & X_{2n} & X_{3n}\end{bmatrix}'\begin{bmatrix}Y_1\\ Y_2\\ \vdots\\ Y_n\end{bmatrix}$$

$$-\left(\begin{bmatrix}1 & X_{21} & X_{31}\\ 1 & X_{22} & X_{32}\\ \vdots & \vdots & \vdots\\ 1 & X_{2n} & X_{3n}\end{bmatrix}'\begin{bmatrix}1 & X_{21} & X_{31}\\ 1 & X_{22} & X_{32}\\ \vdots & \vdots & \vdots\\ 1 & X_{2n} & X_{3n}\end{bmatrix}\right)^{-1}\begin{bmatrix}1 & X_{21} & X_{31}\\ 1 & X_{22} & X_{32}\\ \vdots & \vdots & \vdots\\ 1 & X_{2n} & X_{3n}\end{bmatrix}'\begin{bmatrix}X_{21}\\ X_{22}\\ \vdots\\ X_{2n}\end{bmatrix}$$

$$=\begin{bmatrix}\hat{\beta}_1\\ \hat{\beta}_2\\ \hat{\beta}_3\end{bmatrix}-\begin{bmatrix}0\\1\\0\end{bmatrix}=\begin{bmatrix}\hat{\beta}_1\\ \hat{\beta}_2-1\\ \hat{\beta}_3\end{bmatrix}$$

（2）证明：

$$\begin{aligned}\hat{\mu}_i' &= Y_i - X_{2i} - \hat{\alpha}_1 - \hat{\alpha}_2 X_{2i} - \hat{\alpha}_3 X_{3i} \\ &= Y_i - \hat{\alpha}_1 - (1+\hat{\alpha}_2)\ X_{2i} - \hat{\alpha}_3 X_{3i} \\ &= Y_i - \hat{\beta}_1 - \hat{\beta}_2 X_{2i} - \hat{\beta}_3 X_{3i} \\ &= \hat{\mu}_i\end{aligned}$$

（3）设：$Z_i=Y_i-X_{2i}$

Ⅰ式的拟合优度为

$$R_1^2 = 1 - \frac{\text{ESS}}{\text{TSS}} = 1 - \frac{\sum \hat{\mu}_i^2}{\sum (Y_i - \bar{Y})^2}$$

Ⅱ式的拟合优度为

$$R_2^2 = 1 - \frac{\text{ESS}}{\text{TSS}} = 1 - \frac{\sum \hat{\mu}_i'^2}{\sum (Z_i - \bar{Z})^2}$$

在（2）中已经证得 $\hat{\mu}_i = \hat{\mu}_i'$ 成立，即两式分子相同，若要模型Ⅱ的拟合优度 R_2^2 小于模型Ⅰ的拟合优度 R_1^2，必须满足：$\sum (Z_i - \bar{Z})^2 < \sum (Y_i - \bar{Y})^2$ 。

六、上机题

1.（1）使用EViews软件的计算结果如下表所示。

Dependent Variable：Y				
Variable	Coefficient	Std. Error	t-Statistic	Prob.
X_1	104.314 6	6.409 136	16.275 92	0
X_2	0.402 19	0.116 348	3.456 776	0.003 5
C	−0.975 568	30.322 36	−0.032 173	0.974 8
R-squared	0.979 727	Mean dependent var		755.15
Adjusted R-squared	0.977 023	S. D. dependent var		258.685 9
S. E. of regression	39.211 62	Akaike info criterion		10.326 84
Sum squared resid	23 063.27	Schwarz criterion		10.475 23
Log likelihood	−89.941 52	F-statistic		362.443
Durbin-Watson stat	2.561 395	Prob（F-statistic）		0

可见学生购买课外书籍与其受教育年限及家庭收入水平的回归方程为

$$\hat{Y}_i = -0.975\,6 + 104.315 X_{1i} + 0.402 X_{2i}$$

$$(-0.032)\quad(16.276)\qquad(3.457)$$

$$R^2 = 0.979\,7,\ \bar{R}^2 = 0.977\,0,\ F = 362.44$$

（2）对 X_1、X_2 进行 t 检验的 P 值均较小，所以 X_1、X_2 均显著。由于 $\bar{R}^2 = 0.977\,0$，模型的拟合效果较好。

（3）将X_1=10，X_2=480代入回归方程，可得

$$\hat{Y}_0 = -0.975\,6 + 104.315 \times 10 + 0.402 \times 480 = 1\,235.221\text{（元）}$$

$$由于(\boldsymbol{X'X})^{-1}=\begin{pmatrix} 0.597\,993\,5 & -0.048\,416\,1 & -0.000\,778\,0 \\ -0.048\,416\,1 & 0.026\,715\,9 & -0.000\,345\,5 \\ -0.000\,778\,0 & 0.000\,345\,5 & -0.000\,008\,8 \end{pmatrix}$$

因此，取$\boldsymbol{X}_0$=（1　10　480），Y均值的预测的标准差为

$$S_{\hat{Y}_0}=\sqrt{\hat{\sigma}^2\boldsymbol{X}_0(\boldsymbol{X'X})^{-1}\boldsymbol{X}_0'}=\sqrt{\frac{23\,063.27}{18-2-1}\times 1.266\,1}=\sqrt{409.14}=20.23$$

在5%的显著性水平下，自由度为18−2−1=15的t分布的临界值为$t_{0.025}$（15）=2.131，于是Y_0均值的95%的预测区间为

（1 235.13 ± 2.131×20.23）或（1 192.02，1 278.24）

同样容易得到Y_0个值得预测的标准差为

$$S_{\hat{Y}_0}=\sqrt{\hat{\sigma}^2[1+\boldsymbol{X}_0(\boldsymbol{X'X})^{-1}\boldsymbol{X}_0']}=\sqrt{\frac{23\,063.27}{18-2-1}\times 0.266\,1}=\sqrt{1\,946.69}=44.12$$

于是，Y_0个值的95%的预测区间为

（1 235.13 ± 2.131×44.12）即（1 141.11，1 329.14）

2. （1）EViews软件回归结果见下表。

Dependent Variable：LOG（Y）				
Variable	Coefficient	Std. Error	t-Statistic	Prob.
LOG（P_1）	−0.502 122	0.109 891	−4.569 294	0.000 2
LOG（P_2）	0.146 868	0.099 006	1.483 42	0.155 3
LOG（P_3）	0.087 185	0.099 852	0.873 137	0.394 1
LOG（X）	0.345 257	0.082 565	4.181 649	0.000 6
C	−0.731 52	0.296 947	−2.463 467	0.024 1
R-squared	0.982 474	Mean dependent var		1.361 301
Adjusted R-squared	0.978 579	S. D. dependent var		0.187 659
S. E. of regression	0.027 465	Akaike info criterion		−4.162 123
Sum squared resid	0.013 578	Schwarz criterion		−3.915 276
Log likelihood	52.864 41	F-statistic		252.263 3
Durbin-Watson stat	1.824 82	Prob（F-statistic）		0

$$\widehat{\ln Y}=-0.731\,5+0.345\,3\ln X-0.502\,1\ln P_1+0.146\,9\ln P_2+0.087\,2\ln P_3$$
$$(-2.463)\;(4.182)\quad(-4.569)\quad(1.483)\quad(0.873)$$
$$\bar{R}^2=0.978\,6,\ F=252.26,\ \text{RSS}=0.013\,5$$

容易验证，家庭收入水平与鸡肉的价格对鸡肉的消费需求有显著的影响，而猪肉价格及牛肉价格对鸡肉的消费影响不显著，尤其是牛肉价格的影响很小。但方程总体的线性关系是显著的。

（2）那么猪肉价格与牛肉价格是否真的对鸡肉的消费需求没有影响呢？可检验如下原假设H$_0$：$\beta_3=\beta_4=0$。

对Y关于X、P_1做回归得到的结果如下表所示。

Dependent Variable: LOG（Y）				
Variable	Coefficient	Std. Error	t-Statistic	Prob.
LOG（X）	0.451 547	0.024 554	18.389 66	0
LOG（P_1）	−0.372 735	0.063 104	−5.906 668	0
C	−1.125 797	0.088 42	−12.732 37	0
R-squared	0.980 287	Mean dependent var		1.361 301
Adjusted R-squared	0.978 316	S. D. dependent var		0.187 659
S. E. of regression	0.027 634	Akaike info criterion		−4.218 445
Sum squared resid	0.015 273	Schwarz criterion		−4.070 337
Log likelihood	51.512 12	F-statistic		497.284 3
Durbin-Watson stat	1.877 706	Prob（F-statistic）		0

$$\widehat{\ln Y} = -1.125\,8 + 0.451\,5\ln X - 0.372\,7\ln P_1$$
$$(-12.73)\quad(18.39)\qquad(-5.91)$$
$$\bar{R}^2 = 0.978\,3,\ F = 497.28,\ \text{RSS} = 0.015\,3$$

为了检验原假设，求如下的F统计量：

$$F=\frac{(\text{RSS}_R-\text{RSS}_U)/2}{\text{RSS}_U/(23-4-1)}$$
$$=\frac{(0.015\,3-0.013\,5)/2}{0.013\,5/18}$$
$$=1.2$$

在5%的显著性水平下，自由度为（2，18）的F分布的临界值为$F_{0.05}$（2，18）=3.55，因此，没有理由拒绝原假设，即该地区猪肉与牛肉价格确实对家庭的鸡肉消费需求不产生显著影响。

第四章　随机解释变量问题

一、单选题

1. C　2. D　3. D　4. A　5. D　6. C　7. A　8. D　9. D　10. D

二、多选题

1. ABD　2. AC　3. AC　4. BD　5. BC

三、判断题

1. ×　2. ×　3. √　4. ×　5. ×　6. ×　7. ×　8. ×　9. ×　10. √
11. ×　12. √

四、简答题

1. 估计量的一致性是指，随着样本容量的增加，即当$n \to +\infty$时，参数估计量依概率收敛于参数的真值，即有$P\lim(\hat{\theta}_n)=\hat{\theta}$。对于一元线性回归模型$Y_t=\beta_0+\beta_1 X_t+\mu_t$，有如下最小二乘估计量$\hat{\beta}_1=\frac{\sum x_t y_t}{\sum x_t^2}=\beta_1+\frac{\sum x_t \mu_t}{\sum x_t^2}$，如果$X_t$和$\mu_t$同期相关，则估计量有偏且不一致，这时需要用一个与$X_t$高度相关而与$\mu_t$同期无关的工具变量$Z_t$来代替$X_t$进行OLS估计，这就是工具变量法。这时由正规方程组易得$\tilde{\beta}_1=\frac{\sum z_i y_i}{\sum z_i x_i}=\beta_1+\frac{\sum z_i \mu_i}{\sum z_i X_i}$，两边取概率极限得

$$P\lim(\tilde{\beta}_1)=\beta_1+\frac{P\lim\frac{1}{n}\sum z_i\mu_i}{P\lim\frac{1}{n}\sum z_i x_i}=\beta_1+\frac{\mathrm{Cov}(Z_t,\ \mu_t)}{\mathrm{Cov}(Z_t,\ X_t)}=\beta_1$$

2. 工具变量法的基本思路：工具变量法就是当随机解释变量与随机误差项同期相关时，同期寻找一个与随机解释变量高度相关，但与随机误差项不同期相关的变量，用该变量替代模型中的随机解释变量，进行模型的参数估计。工具变量选择原则：工具变量Z与所替代的随机解释变量X高度相关，即$\mathrm{Cov}(Z_i,\ X_i)\neq 0$；工具变量$Z$与随机干扰项$\mu$不相关，即$\mathrm{Cov}(Z_i,\ \mu_i)=0$；工具变量$Z$与模型中其他解释变量不相关，以避免出现多重共线性。

3. 随机解释变量来源主要有：滞后被解释变量作解释变量；和被解释变量存在双向因果关系的变量作解释变量。

随机解释变量带来何种后果取决于它与随机干扰项是否相关，以及相关的性质。有三种情形：①如果二者不相关，采用OLS得到的参数估计量仍是无偏且一致估计量；②如果二者同期不相关，异期相关，此时参数的OLS估计量在小样本下是有偏的，在大样本下具有一致性；③如果二者同期相关，则无论是小样本还是大样本，所得的参数OLS估计量均是有偏且非一致的。

五、案例分析题

1. （1）由于地方政府往往是根据过去的经验、当前的经济状况以及期望的经济发展前景来定制地区最低限度工资水平的，而这些因素没有反映在上述模型中，而是被归结到了模型的随机扰动项中，因此 MIN_1与μ不仅异期相关，而且往往是同期相关的，这将引起OLS估计量的偏误，甚至当样本容量增大时也不具有一致性。

（2）全国最低限度工资MIN的制定主要根据全国整体的情况而定，因此MIN基本与上述模型的随机扰动项无关。

（3）由于地方政府在制定本地区最低工资水平时往往考虑全国的最低工资水平，因此MIN_1与MIN具有较强的相关性。结合（2）知MIN可以作为MIN_1的工具变量使用。

2. 能消除。在基本假设下，X_{1t}、X_{2t}与μ_t应是不相关的，由此知，由X_{1t}与X_{2t}估计出

的 $\hat{Y}_t$ 应与 μ_t 不相关。

3.（1）不能。因为变换后的模型为 $Y_t=\beta_0+\beta_1X_t+(\mu_t-\beta_1\varepsilon_t)$，显然，由于 ε_t 与 X_t 同期相关，则说明变换后的模型中的随机干扰项 $v_t=\mu_t-\beta_1\varepsilon_t$ 与 X_t 同期相关。

（2）

$$
\begin{aligned}
E(X_{t-1},v_t)&=E[(X'_{t-1}+\varepsilon_{t-1}),(\mu_t-\beta_1\varepsilon_t)]\\
&=E(X'_{t-1},\mu_t)-\beta_1E(X'_{t-1},\varepsilon_t)+E(\varepsilon_{t-1},\mu_t)-\beta_1E(\varepsilon_{t-1},\varepsilon_t)=0
\end{aligned}
$$

多数经济变量的时间序列，除非它们以一阶差分的形式或变化率的形式出现，往往具有较强的相关性，因此，当 X_t 与 X_{t-1} 直接表示经济规模或水平的经济变量时，它们之间很可能相关。如果变量以一阶差分的形式或以变化率的形态出现，则它们之间的相关性就会降低，但仍有一定程度的相关性。

（3）由（2）的结论知，$E(X_{t-1},v_t)=0$，即 X_{t-1} 与变换后的模型的随机干扰项不相关，而且 X_t 与 X_{t-1} 有较强的相关性，因此，可用 X_{t-1} 作为 X_t 的工具变量对变换后的模型进行估计。

六、上机题

1. 用EViews软件得如下结果。

Dependent Variable: *T*				
Method: Two-Stage Least Squares				
Date: 05/16/08 Time: 21:58				
Sample: 1 9				
Included observations: 9				
Instrument list: *Z*				
Variable	Coefficient	Std. Error	*t*-Statistic	Prob.
C	0.905 199	0.546 501	1.656 354	0.141 6
GDP	0.669 725	0.074 876	8.944 499	0.000 0
R-squared	0.938 650	Mean dependent var		5.444 444
Adjusted *R*-squared	0.929 885	S. D. dependent var		2.297 341
S. E. of regression	0.608 318	Sum squared resid		2.590 354
F-statistic	80.004 07	Durbin-Watson stat		1.605 439
Prob（*F*-statistic）	0.000 044			

由此可知税收函数的估计结果为

$$\hat{T}_t=0.905\ 2+0.669\ 7\text{GDP}_t$$

$$(1.65)\ (8.94)$$

$$R^2=0.938\ 7,\ F=80.00,\ \text{DW}=1.605$$

2. 得到消费函数估计方程为

$$\widehat{\ln Cs_t} = -1.3281 + 1.056\ln GDP_t$$
$$(-1.37)\ (11.29)$$
$$R^2=0.8287,\ F=127.55,\ DW=1.17$$

Dependent Variable: LOG（CS）				
Method: Two-Stage Least Squares				
Date: 07/01/08 Time: 13:08				
Sample: 1981 2004				
Included observations: 24				
Instrument list: LOG（IV）				
Variable	Coefficient	Std. Error	*t*-Statistic	Prob.
C	−1.328 088	0.967 981	−1.372 018	0.183 9
LOG（GDP）	1.056 463	0.093 542	11.293 99	0.000 0
R-squared	0.828 689	Mean dependent var		9.556 128
Adjusted *R*-squared	0.820 902	S. D. dependent var		1.050 507
S. E. of regression	0.444 574	Sum squared resid		4.348 212
F-statistic	127.554 1	Durbin-Watson stat		1.168 711
Prob（*F*-statistic）	0.000 000			

第五章　多重共线性

一、单选题

1. B　2. B　3. C　4. C　5. B　6. A　7. D　8. B　9. A　10. A　11. B　12. A　13. B　14. A　15. B　16. C　17. C

二、多选题

1. ABCD　2. BD　3. ACD　4. ABCD　5. ACD　6. ABD　7. ABCD　8. ABCD

三、判断题

1. √　2. ×　3. ×　4. √　5. ×　6. ×　7. √　8. ×　9. ×　10. ×　11. √　12. ×　13. √　14. √　15. √　16. ×

四、简答题

1. 对模型 $Y_i = \beta_0+\beta_1 X_{1i} + \beta_2 X_{2i} + \cdots + \beta_k X_{ki} + \mu_i (i=1,2,\cdots,n)$ 如果某两个或多个解释变量之间出现相关性，即如果存在不全为零的 α_j 使得 $\alpha_1 X_{1i} + \alpha_2 X_{2i} + \cdots + \alpha_k X_{ki} = 0$ 或者 $\alpha_1 X_{1i} + \alpha_2 X_{2i} + \cdots + \alpha_k X_{ki} = 0$ 则称为模型存在多重共线性。

2. 多重共线性的危害有以下几个方面：①在完全多重共线性下参数OLS估计量不存

在；②在近似多重共线性下，参数OLS估计量的方差随着多重共线程度的提高而增加；③参数估计的经济学意义不合理；④变量的显著性检验失去意义；⑤模型的预测功能失效。

3. 简单相关系数检验法、直观判断法、综合统计检验法、决定系数检验法、行列式检验法、方差膨胀因子法、逐步回归法等。

4. 省略引起多重共线性的变量的方法、利用已知信息改变参数约束的方法、差分法、变换模型形式法、增大样本容量法、逐步回归法等。

5. 产生原因包括：①经济变量随时间变化存在的共同变化趋势；②经济变量之间的内在联系；③引入滞后变量；④参数估计过程中样本之间的相关不可避免。

五、案例分析题

1.（1）在其他变量不变的情况下，一个城市的人口越多或房屋数量越多，则对用水的需求越高，所以可期望house和pop的符号为正。收入较高的个人可能用水较多，因此pcy的预期符号为正，但它可能是不显著的。如果水价上涨，则用户会节约用水，所以可预期price的系数为负。显然，如果降雨量较大，则草地和其他花园或耕地的用水需求就会下降，所以可以期望rain的系数符号为负。从估计的模型看，除了pcy之外，所有符号都与预期相符。

（2）t统计量检验单个变量的显著性，F统计值检验变量是否是联合显著的。

这里t检验的自由度为15−5−1=9，在5%的显著性水平下的临界值为2.262。可见，所有参数估计值的t值的绝对值都小于该值，所以即使在5%的水平下这些变量也不是显著的。

这里，F统计值的分子自由度为5，分母自由度为9。5%显著性水平下F分布的临界值为3.45。可见，计算的F值大于该临界值，表明回归系数是联合显著的。

t检验与F检验结果的矛盾可能是多重共线性造成的。house、pop、pcy是高度相关的，这将使它们的t值降低且表现为不显著。price和rain不显著另有原因。根据经验，如果一个变量的值在样本期间没有很大的变化，则它对被解释变量的影响就不能够很好地被度量。可以预期水价与年降雨量在各年中一般没有太大的变化，所以它们的影响很难度量。

（3）多重共线性往往表现的是解释变量间的样本观察现象，在不存在完全共线性的情况下，近似共线并不意味着基本假定的任何改变，所以OLS估计量的无偏性、一致性和有效性仍然成立，即仍是BLUE估计量。但共线性往往导致参数估计值的方差大于不存在多重共线性的情况。

2.（1）

$$\hat{Y}_t = 245.5158 + 0.568425X_{1t} - 0.005833X_{2t}$$
$$(3.5314)\quad(0.7938)\quad(-0.0830)$$
$$\overline{R}^2 = 0.9513,\ F=88.845,\ DW=2.708$$

（2）由拟合优度知，收入和财富一起解释了消费支出的96%，但二者的t检验都在5%的显著性水平下不显著，不仅如此，财富变量的符号也与经济理论不相符合，又从F检验值看，方程是显著的，这说明了收入和财富间存在严重的多重共线性，使得无法分辨二者各自对消费的影响。

此二元回归的估计结果是不可靠的，可以只做消费支出关于收入或财富的一元回归模型来对二元回归进行修正。

3.（1）由于（X_t–X_{t-1}）是X_t和X_{t-1}的线性组合，所以模型存在完全共线性问题，不能用OLS法估计参数。

（2）如果把模型设定为

$$Y_t = \beta_0 + (\beta_1+\beta_3)X_t + (\beta_2-\beta_3)X_{t-1} + \mu_t$$
$$= \beta_0 + \alpha_1 X_t + \alpha_2 X_{t-1} + \mu_t$$

我们可以唯一地估计出β_0、α_1和α_2，但我们不能唯一地估计出β_1、β_2和β_3。

（3）由于不再有完全共线性问题，所以所有参数都能唯一地估计出来。

（4）同（3）。

4.（1）回归式（1）中，由于有较高的R^2=0.97和可观的F值[F=189.8>$F_{0.05}$（3，30）=2.92]，而ln$K$的系数统计不显著[$|t|$=0.531/0.34=1.56<$t_{0.025}$（34–3–1）=2.042]，并且其符号在经济意义上不合理，说明模型中可能存在多重共线性。

（2）凭经验，预期资本对产出具有正影响，这里并非如此，可能是因为回归中有多重共线性问题。

（3）回归式（2）则蕴涵着假定规模报酬不变，这种变换附带的一个好处是减少了多重共线性问题。

（4）回归式（2）中资本劳动比系数在统计上不显著[$|t|$=0.11/0.15=0.73<$t_{0.025}$（34–2–1）=2. 042]，因此多重共线性问题还没有解决。

六、上机题

1.（1）设模型的函数形式为$Y_t = \beta_0 + \beta_1 X_{1t} + \beta_2 X_{2t} + \mu_t$。

OLS估计如下表所示。

Dependent Variable: *Y*				
Included observations: 10				
Variable	Coefficient	Std. Error	*t*-Statistic	Prob.
C	−1.919 432	3.014 676	−0.636 696	0.544 6
X_1	0.198 413	0.186 325	1.064 876	0.322 3
X_2	0.160 624	0.033 114	4.850 684	0.001 9
R-squared	0.950 385	Mean dependent var		7.88
Adjusted *R*-squared	0.936 209	S. D. dependent var		3.412 331
S. E. of regression	0.861 849	Akaike info criterion		2.783 853
Sum squared resid	5.199 49	Schwarz criterion		2.874 628
Log likelihood	−10.919 26	*F*-statistic		67.042 69
Durbin-Watson stat	2.641 746	Prob（*F*-statistic）		0.000 027

从F统计量的计算值看，F=67.04，该值大于5%显著性水平下，自由度为（2，7）的F分布的临界值$F_{0.05}$（2，7）=4.74，表明模型从整体上看商品需求量与解释变量之间线性关系显著。但由于商品价格前参数β_1的t检验不显著，且估计值为正数，违背经济意义，故怀疑两解释变量之间存在较严重的多重共线性。事实上，容易验证两个解释变量间的相关系数高达r=−0.942 7。说明模型中解释变量间确实存在严重的共线性。

（2）运用OLS方法逐一求Y对各个变量的回归，然后结合经济意义和统计检验选出拟合效果最好的线性回归模型。通过EViews软件，易得

$$\hat{Y}_t = 12.49 - 0.653\,6X_{1t}$$
$$(12.39)\quad(-5.38)$$
$$R^2 = 0.783\,6,\ F = 28.97,\ \mathrm{DW} = 0.721$$
$$\hat{Y}_t = 1.217\,9 + 0.127\,4X_{2t}$$
$$(1.89)\quad(11.44)$$
$$R^2 = 0.942\,3,\ F = 130.76,\ \mathrm{DW} = 1.958$$

从这两个回归结果看，第二个方程要比第一个方程好，故可选择第二个方程为最终模型。

2. （1）OLS估计如下表所示。

Dependent Variable: *Y*				
Method: Least Squares				
Date: 05/17/08 Time: 20:39				
Sample: 1 10				
Included observations: 10				
Variable	Coefficient	Std. Error	*t*-Statistic	Prob.
C	3.914 451	1.952 440	2.004 902	0.101 3
X_1	0.060 263	0.048 378	1.245 671	0.268 1
X_2	0.089 090	0.037 168	2.396 978	0.061 9
X_3	−0.012 598	0.018 171	−0.693 309	0.519 0
X_4	0.007 406	0.017 612	0.420 498	0.691 6
R-squared	0.979 655	Mean dependent var		7.570 000
Adjusted *R*-squared	0.963 379	S. D. dependent var		1.233 829
S. E. of regression	0.236 114	Akaike info criterion		0.257 851
Sum squared resid	0.278 750	Schwarz criterion		0.409 144
Log likelihood	3.710 743	*F*-statistic		60.189 50
Durbin-Watson stat	2.213 879	Prob（*F*-statistic）		0.000 204

（2）由上述估计可知R^2=0.979 7，说明四个解释变量总体上对Y构成线性影响。

F=60.19，大于5%的显著性水平下自由度为（4，5）的F分布的临界值15.52，再次判断Y与上述解释变量间的总体线性关系显著成立。但由于X_3，X_4参数估计值未能通过t检验，故认为解释变量间可能存在严重的多重共线性。

事实上，可以验证，X_1与其他解释变量间有下表所示的回归结果。

Dependent Variable: X_1				
Method: Least Squares				
Date: 05/17/08 Time: 20:47				
Sample: 1 10				
Included observations: 10				
Variable	Coefficient	Std. Error	t-Statistic	Prob.
C	1.104 168	16.470 05	0.067 041	0.948 7
X_2	0.626 189	0.181 727	3.445 763	0.013 7
X_3	0.124 554	0.144 666	0.860 975	0.422 3
X_4	0.340 731	0.052 347	6.509 098	0.000 6
R-squared	0.972 564	Mean dependent var		54.270 00
Adjusted R-squared	0.958 846	S. D. dependent var		9.821 863
S. E. of regression	1.992 517	Akaike info criterion		4.505 849
Sum squared resid	23.820 76	Schwarz criterion		4.626 883
Log likelihood	−18.529 25	F-statistic		70.896 18
Durbin-Watson stat	1.298 744	Prob（F-statistic）		0.000 045

由拟合优度可知，X_1与其他解释变量之间高度线性相关。

第六章　异方差性

一、单选题

1. A　2. A　3. B　4. B　5. C　6. D　7. A　8. A　9. A　10. B　11. A　12. A　13. D　14. B　15. D　16. D　17. B　18. D　19. B

二、多选题

1. BD　2. BC　3. AB　4. ABC　5. ABD　6. AC　7. ABCD　8. ACD　9. BC

三、判断题

1. ×　2. √　3. √　4. √　5. ×　6. ×　7. √　8. √　9. √　10. ×　11. √　12. √

四、简答题

1. OLS估计量仍是线性无偏的，但不再具有最小方差，即不再有效；大样本情况下，具有一致性，但不具有渐近有效性。由于相应的置信区间和t检验、F检验都与估计量的方差相关，因此会造成建立的置信区间以及t检验与F检验都不再是可靠的。

2.（2）与（3）的情况可能是异方差性造成的。异方差性并不会影响OLS估计量无偏性。

3. 在模型的左右两边同时乘以$\frac{1}{\sqrt{2x_{1i}-3}}$，使模型化为

$$\frac{y_i}{\sqrt{2x_{1i}-3}}=\frac{\beta_0}{\sqrt{2x_{1i}-3}}+\frac{\beta_1 x_{1i}}{\sqrt{2x_{1i}-3}}+\frac{\beta_2 x_{2i}}{\sqrt{2x_{1i}-3}}+\frac{\mu_i}{\sqrt{2x_{1i}-3}}$$

4. 加权最小二乘法是对原模型加权，使之变成一个新的不存在异方差的模型，然后采用OLS法估计其参数。加权的基本思想：在采用OLS方法时，对较小的残差平方赋予较大的权重，对较大的残差平方赋予较小的权重，以对残差提供的信息的重要程度进行一番修正，提高参数估计的精确程度。

5. 个体行为的差异、技术或经验的进步、异常的观测值及模型设定的错误等方面都可能产生异方差，通常利用截面数据进行回归的模型容易出现异方差性问题。

6. 对于线性回归模型：

$$Y_i=\beta_0+\beta_1 X_{1i}+\beta_2 X_{2i}+\cdots+\beta_k X_{ki}+\mu_i$$

LM检验该模型随机误差项是否存在异方差的步骤如下。

（1）先用OLS方法估计该模型，得到OLS回归残差平方e_i^2序列。

（2）再用OLS方法估计如下方程：

$$e_i^2=\delta_0+\delta_1 X_{1i}+\delta_1 X_{2i}+\cdots+\delta_k X_{ki}+v_i$$

记下该回归得到的拟合优度R_e^2。

（3）计算LM统计量LM=$n\times R_e^2$相应的P值（查卡方分布表得到的概率）。如果P值足够小，即小于给定的显著性水平的话，那么我们就拒绝同方差的零假设。

（4）如果LM检验的P值很小，那就应该采取一些纠正措施，如异方差稳健统计量。

7. Goldfeld-Quandt检验的步骤可描述如下。

（1）将n组样本观察值按某一被认为可能引起异方差的解释变量观察值大小排序。

（2）将排序后序列中间的c个观察值除去，并将剩下的观察值划分为较小与较大的样本容量相同的两个子样本，每个子样本容量均为（$n-c$）/2，这样做主要是为了突出小方差样本和大方差样本之间的差异。

（3）原模型对每个子样本分别进行OLS回归，并计算各自的残差平方和，分别用$\sum e_{1i}^2$、$\sum e_{2i}^2$表示较小的与较大的残差平方和［自由度均为（$n-c$）/2$-k-$1］。

（4）在同方差性假定下，构造如下满足F分布的统计量$F=\sum e_{2i}^2/\sum e_{1i}^2$。

（5）给定显著性水平a，查临界值，若F大于临界值，则拒绝同方差性假设，表明原模型随机干扰项存在异方差。当然，还可以根据两个残差平方和对应的子样本的顺序判断是递增型异方差还是递减型异方差。

五、案例分析题

1.（1）如果σ_i依赖于该地区人口规模P_i，则随机扰动项的方差σ_i^2依赖于P_i^2。因此，要进行的回归的一种形式为$\sigma_i^2=\alpha_0+\alpha_1P_i^2+\varepsilon_i$。于是，要检验的零假设$H_0$：$\alpha_1=0$，备择假设$H_1$：$\alpha_1\neq 0$。检验步骤如下。

第一步：使用OLS方法估计原模型，并保存残差平方项$\tilde{e}_i^2$。

第二步：做$\tilde{e}_i^2$对常数项C和P_i^2的回归。

第三步：考察估计的参数α_1的t统计量，它在零假设下服从自由度为n–2的t分布。

第四步：给定显著性水平5%（或其他），查相应的自由度为n–2的t分布的临界值，如果估计的参数$\hat{\alpha}_1$的t统计值的绝对值大于该临界值，则拒绝同方差的零假设。

（2）假设$\sigma_i=\sigma P_i$时，模型等号左右两边同除以P_i有

$$\frac{Y_i}{P_i}=\beta_0\frac{1}{P_i}+\beta_1\frac{X_{1i}}{P_i}+\beta_2\frac{X_{2i}}{P_i}+\frac{\mu_i}{P_i}$$

因为$\mathrm{Var}(u_i/P_i)=\sigma_i^2/P_i^2=\sigma^2$，所以在该变换后的模型中可以使用OLS方法，得出BLUE估计值。方法是对Y_i/P_i关于$1/P_i$、X_{1i}/P_i、X_{2i}/P_i做回归，不包括常数项。

2.（1）进行异方差Goldfeld-Quandt检验。根据Goldfeld-Quandt检验方法，可以看出有

$$F=\sum e_2^2\Big/\sum e_1^2=5\,811\,189/1\,372.202=4\,234.937\,0$$

在F统计值大于5%显著性水平下，自由度为（6，6）的F临界值为4.28。因此可以判断原模型存在时间上的递增型的异方差问题。

（2）进行异方差的LM检验，LM统计量$LM=nR^2=21\times0.565\,9=11.883\,9$。

可以看出该统计量超过了自由度为1，显著性水平为5%的卡方分布临界值3.842 8，因此可以拒绝原模型的同方差性假设，表明原回归模型存在解释变量x所引起的异方差的问题。

（3）结合（1）和（2）的检验结果，可以看到原模型存在异方差性问题。

3.（1）方程（a）表明，当N增加1单位时，平均而言平均薪酬W增加0.009单位。如果用N乘方程（b）两边，结果类似于（a）。

（2）作者显然担心回归方程存在异方差问题，因为他用N去除原来的方程两边。这意味着假定随机误差项方差与N的平方成比例。因此作者在（b）中采用了加权最小二乘估计。

（3）方程（a）的截距系数就是方程（b）中的斜率系数，而方程（a）中的斜率系数就是方程（b）中的截距系数。

（4）不能，因为两个模型中的被解释变量不同。

4.（1）他们假设了随机误差项方差与GNP的平方成比例。他们通过检查各个时期的数据观察到了这种关系。

（2）有所改进，因为（d）方程中两个系数的标准差比较低，尽管与（c）差异不大。但这仍然表明对异方差进行转换是合理的。

（3）不能，这里的R^2不能直接进行比较，因为两个模型中的被解释变量是不同的。

5.（1）由 $RSS=\sum(w_t\mu_t)^2=\sum(w_tY_t-\beta_0w_t-\beta_1w_tX_{1t}-\beta_2w_tX_{2t})^2$，对各$\beta$求偏导并令值为零，可得如下正规方程组：

$$\sum(w_tY_t-\beta_0w_t-\beta_1w_tX_{1t}-\beta_2w_tX_{2t})\ w_t=0$$
$$\sum(w_tY_t-\beta_0w_t-\beta_1w_tX_{1t}-\beta_2w_tX_{2t})\ w_tX_{1t}=0$$
$$\sum(w_tY_t-\beta_0w_t-\beta_1w_tX_{1t}-\beta_2w_tX_{2t})\ w_tX_{2t}=0$$

（2）用Z去除原模型，得如下新模型的正规方程组：

$$\sum\left(\frac{Y_t}{Z_t}-\frac{\beta_0}{Z_t}-\beta_1\frac{X_{1t}}{Z_t}-\beta_2\frac{X_{2t}}{Z_t}\right)\frac{1}{Z_t}=0$$

$$\sum\left(\frac{Y_t}{Z_t}-\frac{\beta_0}{Z_t}-\beta_1\frac{X_{1t}}{Z_t}-\beta_2\frac{X_{2t}}{Z_t}\right)\frac{X_{1t}}{Z_t}=0$$

$$\sum\left(\frac{Y_t}{Z_t}-\frac{\beta_0}{Z_t}-\beta_1\frac{X_{1t}}{Z_t}-\beta_2\frac{X_{2t}}{Z_t}\right)\frac{X_{2t}}{Z_t}=0$$

（3）如果用$\frac{1}{Z_t}$代替（1）中的w_t，则容易看到与（2）中的正规方程组是一样的。

六、上机题

EViews软件中，用OLS法估计Y_t关于X_t的回归结果如表所示。

Dependent Variable: *Y*				
Method：Least Squares				
Sample：1 18				
Included observations: 18				
Variable	Coefficient	Std. Error	*t*-Statistic	Prob.
C	203.381 6	989.429 9	0.205 554	0.839 7
X	0.031 846	0.008 320	3.827 589	0.001 5
R-squared	0.477 985	Mean dependent var		3 056.856
Adjusted *R*-squared	0.445 359	S. D. dependent var		3 705.973
S. E. of regression	2 759.996	Akaike info criterion		18.788 29
Sum squared resid	1.22×10^8	Schwarz criterion		18.887 22
Log likelihood	−167.094 6	Hannan-Quinn criter.		18.801 93
F-statistic	14.650 43	Durbin-Watson stat		3.017 087
Prob（*F*-statistic）	0.001 484			

即有如下回归方程：

$$\hat{Y}_t=203.381\,6+0.031\,846X_t$$

下面进行异方差性的检验。

Park检验。在上述回归估计做出后，选择“Quick\Generate Series”，在出现的对话框中输入“e=resid”，然后估计如下回归：

$$\ln e_i^2 = \alpha_0 + \alpha_1 \ln X_i + \mu$$

得

$$\ln e_i^2 = 6.622 + 0.617 \ln X_i$$
$$(0.964) \quad (0.988)$$
$$R^2=0.057\,5$$

由于回归方程中的 t 值较小且不显著，我们没有理由拒绝同方差型假设。

Gleiser检验：选择不同的函数形式，做 $|e_i|$ 关于 X 的不同函数形式的OLS回归，得

$$|e_i| = 597.251 + 0.011\,84 X_i$$
$$(0.883) \quad (2.081)$$
$$R^2=0.213$$

$$|e_i| = -478.16 + 7.906\,8\sqrt{X_i}$$
$$(-0.476\,8) \quad (2.359\,8)$$
$$R^2=0.258$$

$$|e_i| = 2\,285.516 - 19\,965\,973 \frac{1}{X_i}$$
$$(3.785) \quad (-1.626)$$
$$R^2=0.142$$

从前两个回归方程看，表明存在异方差。

Goldfeld-Quandt检验：按X从小到大排序后，去掉中间的4个数据，分别以前7个与后7个数据样本做 Y 关于 X 的回归，得

$$\hat{Y}_i = -494.81 + 0.049\,9 X_i$$
$$(-1.638) \quad (3.768)$$
$$R^2=0.737\,6,\ \text{RSS}=547\,641.6$$

$$\hat{Y}_i = 1\,927.461 + 0.022\,25 X_i$$
$$(0.416) \quad (0.868)$$
$$R^2=0.131,\ \text{RSS}=97\,316\,133$$

于是，
$$F = \frac{97\,316\,133/(7-2)}{547\,641.6/(7-2)} = 177.7$$

在5%的显著性水平下，自由度为（5，5）的F分布的临界值为$F_{0.05}$（5，5）=5.05，可见拒绝模型同方差的假设。

White检验：在EViews软件中，在用OLS法估计Y关于X的回归后，选择“View\Residual Tests\White Heteroskedasticity（no cross terms）”得如表所示的检验结果。

White Heteroskedasticity Test:			
F-statistic	2.460 272	Probability	0.136 3
Obs×R-squared	2.398 930	Probability	0.121 4

易知，没有理由拒绝同方差性假设。

如果我们认定存在异方差，由Gleiser检验知，异方差形式很可能是

$$|e_i| = -478.16 + 7.906\,8\sqrt{X_i}$$

因此，为了消除异方差性，做如下的回归：

$$\frac{Y_i}{\sqrt{X_i}} = \frac{\beta_0}{\sqrt{X_i}} + \beta_1\sqrt{X_i}$$

估计结果如下：

$$\frac{\hat{Y}_i}{\sqrt{X_i}} = -236.451\,8\frac{1}{\sqrt{X_i}} + 0.003\,68\sqrt{X_i}$$

$$(-0.6204) \qquad (5.149)$$

$$R^2=0.361$$

可以看出，斜率项的t统计值有显著增大，并且共异方差性White检验的LM=3.55< $\chi^2_{0.05}(2)$= 5.991 5，表明异方差性被消除。

第七章 序列相关性

一、单选题

1. B 2. D 3. C 4. D 5. C 6. D 7. D 8. B 9. D 10. D 11. A 12. A 13. D 14. D 15. B 16. D 17. B 18. A 19. B 20. B 21. C 22. B 23. A 24. B 25. C 26. B 27. B 28. B 29. C 30. A 31. C 32. B 33. A

二、多选题

1. BCD 2. ABCD 3. BC 4. AD 5. ABD 6. CD 7. CD 8. BCD 9. BD 10. ACD 11. BD 12. ACD 13. CD 14. AD

三、判断题

1. × 2. √ 3. × 4. √ 5. √ 6. √ 7. √ 8. √ 9. × 10.√

四、简答题

1. 在存在一阶自相关的情况下，估计自相关系数ρ有下述几种方法：①利用DW统计量（大样本情况下）求ρ的估计值；②科克伦–奥克特迭代法；③Durbin两步法。不论哪种方法，其基本思路都是采用OLS方法估计原模型，得到随机干扰项的近似估计值，然后利用该近似估计值求得随机干扰项相关系数的估计量。

2. 当模型存在序列相关时，根据普通最小二乘法估计出的参数估计量仍具有线性性和无偏性，但不再具有有效性；用于参数显著性的检验统计量，要涉及参数估计量的标准差，因而参数检验也失去意义；同时，拟合优度检验、方程显著性检验、预测均失效。

3. 一阶自相关是指随机干扰项的当前值只与自身前一期值之间存在相关性。DW方法仅适用于解释变量为非随机变量，随机干扰项的产生机制是一阶自相关，回归含有截距项，回归模型不把滞后被解释变量当作解释变量之一，没有缺失数据的情况。

4. 广义差分法需要对随机干扰项自相关系数事先给出必要的假设，可区分为两种情形：自相关系数已知和未知。

（1）自相关系数已知时

对设定的线性回归模型：$Y_t = \beta_0 + \beta_1 X_{1t} + \cdots + \beta_k X_{kt} + \mu_t$ （a）

如果随机误差项存在 p 阶序列相关：$\mu_t = \rho_1\mu_{t-1} + \rho_2\mu_{t-2} + \cdots + \rho_p\mu_{t-p} + \varepsilon_t$ （b）

那么可以将原模型变换为

$$\begin{aligned} Y_t - \rho_1 Y_{t-1} - \cdots - \rho_p Y_{t-p} = {} & \beta\left(1-\rho_1-\cdots-\rho_p\right) \\ & + \beta_1\left(X_{1t} - \rho_1 X_{1t-1} - \cdots - \rho_p X_{1t-p}\right) + \cdots \\ & + \beta_k\left(X_{kt} - \rho_1 X_{kt-1} - \cdots - \rho_p X_{kt-p}\right) + \varepsilon_t \\ & t = 1+p, 2+p, \cdots, n \end{aligned} \quad \text{（c）}$$

模型（c）为广义差分模型。

做广义差分变换：

$$\begin{cases} Y_t^* = Y_t - \rho_1 Y_{t-1} - \cdots - \rho_p Y_{t-p} \\ X_{jt}^* = X_{jt} - \rho_1 X_{jt-1} - \cdots - \rho_p X_{jt-p} \end{cases} \quad j = 1, 2, \cdots, k \quad \text{（d）}$$

$$\beta_0^* = \beta_0\left(1-\rho_1-\cdots-\rho_p\right)$$

将原模型变换为

$$Y_t^* = \beta_0^* + \beta_1 X_{1t}^* + \cdots + \beta_k X_{kt}^* + \varepsilon_t \quad \text{（e）}$$

由于随机误差项 ε_t 满足全部OLS经典假定，故可以直接对上述方程进行OLS回归，得到具有BLUE性质的估计量。这样处理序列相关性的方法就是广义差分法。

（2）自相关系数未知时

当自相关系数未知时，需先估计自相关系数 ρ_1、ρ_2、……、ρ_p 的值，然后再做广义差分变换，从而消除序列相关性。常用方法有科克伦-奥克特迭代法、Durbin两步法等。

广义差分法的基本思想就是，对具有序列相关性的线性回归模型（a）做广义差分变换（d），将线性回归模型变成（e），从而消除序列相关性，进而用OLS法求得参数的BLUE估计。

5. 序列相关性产生的原因主要有以下五条：（1）经济时间序列数据惯性；（2）模型设定的偏误；（3）滞后效应；（4）蛛网现象；（5）数据的编造。

五、案例分析题

1. （1）若题目要求用变量的一次差分估计该模型，即采用了如下形式：$Y_t - Y_{t-1} = \beta_2(X_t - X_{t-1}) + (\mu_t - \mu_{t-1})$ 或 $\Delta Y_t = \beta_2 \Delta X_t + \varepsilon_t$，这时意味着 $\mu_t = \mu_{t-1} + \varepsilon_t$，即随机扰动项是自相关系数为1的一阶自相关形式。

（2）在一阶差分形式中出现截距项，意味着在原始模型中有一个关于时间的趋势项，截距项事实上就是趋势变量的系数β_1，即原模型应为

$$Y_t=\beta_0+\beta_1 t+\beta_2 X_t+\mu_t$$

2. （1）由于样本容量n=22，解释变量个数为k=3，在5%的显著性水平下，相应的上下临界值d_U=1.66、d_L=1.05。由于DW=1.147在这两个值之间，所以DW检验是无定论的。

（2）进行LM检验：

第一步，做Y关于常数项、$\ln X_1$、$\ln X_2$和$\ln X_3$的线性回归并保存残差$\tilde{e}_t$；

第二步，做$\tilde{e}_t$关于常数项、$\ln X_1$、$\ln X_2$和$\ln X_3$和$\tilde{e}_{t-1}$的回归并计算R^2；

第三步，计算检验统计值（n−1）R^2；

第四步，由于在不存在一阶序列相关的零假设下（n−1）R^2呈自由度为1的χ^2分布。在给定的显著性水平下，查该分布的相应临界值$\chi^2_\alpha(1)$。如果（n−1）$R^2>\chi^2_\alpha(1)$，拒绝零假设，意味着原模型随机扰动项存在一阶序列相关，反之，接受零假设，原模型不存在一阶序列相关。

3. （1）在模型A中存在序列相关，但在模型B中没有序列相关。因为在5%显著性水平下，n=16，k=1时，DW临界值为1.106和1.371；n=16，k=2时，DW临界值为0.982和1.539。

（2）自相关可能是由于模型A的误设定，因为它排除了二次趋势项。

（3）借助散点图、经验知识、相关理论等判断模型函数形式设定是否有误。

4. （1）由回归结果（a）中的DW=0.628可以看出回归模型至少存在一阶序列相关；由（b）和（c）可以看出，原回归模型存在二阶序列相关，但没有三阶序列相关。

（2）略。

六、上机题

（1）EViews软件中，用OLS法估计Y_t关于X_t的回归结果如下表所示。

Dependent Variable: *Y*				
Included observations: 20				
Variable	Coefficient	Std. Error	*t*-Statistic	Prob.
X	0.176 283	0.001 445	122.017	0
C	−1.454 75	0.214 146	−6.793 261	0
R-squared	0.998 792	Mean dependent var		24.569
Adjusted *R*-squared	0.998 725	S. D. dependent var		2.410 396
S. E. of regression	0.086 056	Akaike info criterion		−1.972 991
Sum squared resid	0.133 302	Schwarz criterion		−1.873 418
Log likelihood	21.729 91	*F*-statistic		14 888.14
Durbin-Watson stat	0.734 726	Prob（*F*-statistic）		0

有回归方程 $\hat{Y}_t = -1.454\,8 + 0.176\,3X_t$。

（2）在5%显著性水平下，n=20，k=1的DW分布的临界值为d_L=1.20，d_U=1.41，由于DW=0.734 7< d_L，所以该模型存在一阶正自相关。

（3）用Durbin两步法估计该回归模型的参数过程如下：

首先估计模型：

$$Y_t = \rho Y_{t-1} + \beta_0(1-\rho) + \beta_1(X_t - \rho X_{t-1}) + \varepsilon_t$$

或

$$Y_t = \beta_0(1-\rho) + \rho Y_{t-1} + \beta_1 X_t - \rho\beta_1 X_{t-1} + \varepsilon_t$$

得

$$\hat{Y}_t = -0.256\,4 + 0.781\,2Y_{t-1} + 0.162\,8X_t - 0.124\,5X_{t-1}$$

$$(-0.72)\quad(3.79)\quad(19.54)\quad(-3.71)$$

$$R^2=0.999\,3$$

再将估计的ρ=0.781 2代入下面的模型：

$$Y_t - \rho Y_{t-1} = \beta_0(1-\rho) + \beta_1(X_t - \rho X_{t-1}) + \varepsilon_t$$

得OLS估计结果：

$$Y_t - 0.781\,2Y_{t-1} = -0.122\,8 + 0.170\,6(X_t - 0.781\,2X_{t-1})$$

$$(-0.83)\quad(40.0)$$

$$R^2=0.989\,5,\ F=1\,600.0,\ \text{DW}=1.735$$

由于DW=1.735，在5%显著性水平下，容量为19的DW检验的临界值的下限与上限分别为d_L=1.18、d_U=1.40，故可判断不存在一阶序列相关性。由此，估计的原回归模型为

$$Y_t = \frac{-0.122\,8}{1-0.781\,2} + 0.170\,6X_t$$

或

$$Y_t = -0.561\,2 + 0.170\,6X_t$$

（4）记$D(Y_t) = Y_t - Y_{t-1}$，$D(X_t) = X_t - X_{t-1}$，则直接用一阶差分法估计结果如下表所示。

Variable	Coefficient	Std. Error	*t*-Statistic	Prob.
D（*X*）	0.168 488	0.005 096	33.062 72	0.000 0
R-squared	0.959 343	Mean dependent var		0.411 579
Adjusted *R*-squared	0.959 343	S.D. dependent var		0.344 146
S.E. of regression	0.069 392	Akaike info criterion		−2.446 900
Sum squared resid	0.086 674	Schwarz criterion		−2.397 193
Log likelihood	24.245 55	Hannan-Quinn criter.		−2.438 488
Durbin-Watson stat	1.738 895			

在5%的显著性水平下，容量为19，k=1的DW检验的临界值的下限与上限分别为d_L=1.18、d_U=1.40，故可判断不存在一阶序列相关性。由此，差分法估计的原回归模型为

$$\hat{Y}_t = -0.304\,041 + 0.168\,488X_t$$

第八章　虚拟变量模型

一、单选题

1. B　2. A　3. A　4. C　5. A　6. A　7. D　8. A　9. A　10. B　11. D　12. D　13. D　14. C　15. B　16. C

二、多选题

1. BCD　2. ABCD　3. ABD　4. ABD　5. AC　6. ACD　7. AC

三、判断题

1. ×　2. ×　3. ×　4. √　5. √　6. ×　7. ×　8. √　9. ×　10. √　11. ×　12. √　13. ×

四、简答题

1. 在建立模型时，有一些影响经济变量的因素无法定量描述，如性别、职业、季节等。为了在模型中反映这种定性因素的影响，并提高模型的精度，需要将这类变量“量化”。根据这类变量的属性类型，构造仅取“0”和“1”的人工变量，通常称这类变量为虚拟变量。

在模型中引入虚拟变量，主要是为了描述某（些）定性因素对被解释变量的影响。

2. 加法方式和乘法方式是引入虚拟变量的最主要的两种方式。加法方式主要适用于定性因素对截距项产生影响的情况；乘法方式主要适用于定性因素对斜率项产生影响的情况。除此之外，还可以加法和乘法组合的方式引入虚拟变量，这时可测度定性因素对截距项和斜率项同时产生影响的情况。

3. 一般在引入虚拟变量时要求如果定性因素有m类，只能在模型中引入$m-1$个虚拟变量，否则如果引入m个虚拟变量，就会导致模型解释变量间出现完全多重共线性的情况，我们一般将引入虚拟变量个数与定性因素类别个数相同时出现的模型无法估计的问题称为“虚拟变量陷阱”。

五、案例分析题

1. （1）D_1参数的经济意义是当销售收入和公司股票收益保持不变时，$\ln Y_{金} - \ln Y_{交} = 0.158$，即金融业CEO的薪水要比交通运输业CEO的薪水多15.8个百分点，其他两个类似解释。

（2）公用事业和交通运输业之间的估计薪水的近似百分比差异就是以百分数解释的D_3的参数，即28.3%，由于参数的t统计值为−2.895，它的绝对值大于1%显著性水平下，自由度为203的t分布的临界值2.576，故统计显著。

（3）由于消费品工业和金融业相对于交通运输业的薪水百分比差异分别为15.8%和18.1%，所以它们之间的差异为18.1%−15.8%=2.3%，一个能直接检验显著性的方程是

$$\ln Y=\beta_0+\beta_1\ln X_1+\beta_2X_2+\alpha_1D_2+\alpha_2D_3+\alpha_3D_4+\mu$$

其中，D_4为交通运输业的虚拟变量，对比基准为金融业。

2. （1）选择（b）模型，因为该模型中D的系数估计值在统计上显著。

（2）如果（b）模型确实更好，而选择了（a）模型，则犯了模型设定错误，丢失了重要解释变量。

（3）D的系数表明了现实中比较普遍的现象，男生体重大于女生。

3. 由于当利率$r<0.08$时，投资I仅取决于利润X；当利率$r\geqslant 0.08$时，投资I同时取决于利润X和一个固定的级差利润R，故可以建立如下模型来表达上述关系：

（a）$I_i=\beta_0+\beta_1X_i+RD_i+\mu_i$

其中，$D=\begin{cases}1, & r\geqslant 0.08\\0, & r<0.08\end{cases}$。

假设μ_i仍服从经典假设$E(\mu_i)=0$，则有利率$r\geqslant 0.08$时的投资期望：

（b）$E(I_i|X_i, D_i=1)=(\beta_0+R)+\beta_1X_i$

利率$r<0.08$时的投资期望：

（c）$E(I_i|X_i, D_i=0)=\beta_0+\beta_1X_i$

从以上看出，假设利率$R>0$，两个投资函数的斜率相同而截距水平不同；当斜率相同的假设成立，对投资函数是否受到利率差异影响的假设检验，可由检验模型（b）和（c）是否具有相同截距加以描述，原假设H_0：投资函数不受利率影响。若（a）中参数R估计值的t检验在统计上是显著的，则可以拒绝投资函数不受利率影响的假设。

4. （1）从咖啡需求函数的回归方程看，P的系数$-0.164\,7$表示咖啡需求的自价格弹性；I的系数0.511 5表示咖啡需求的收入弹性；P'的系数0.148 3表示咖啡需求的交叉价格弹性。

（2）咖啡需求的自价格弹性的绝对值较小，表明咖啡的价格需求缺乏弹性。

（3）P'的系数大于0，表明咖啡与茶属于替代品。

（4）从时间变量t的系数为$-0.008\,9$看，咖啡的需求量应是逐年减少，但减少的速度很慢。

（5）虚拟变量在本模型中表示咖啡需求可能受季节因素的影响。

（6）从各参数的t检验看，第1季度和第2季度的虚拟变量在统计上是显著的。

（7）咖啡需求存在季节效应，回归方程显示第1季度和第2季度的需求比其他季节少。

5. （1）若$\ln X=1$，则$X=e=2.718\,28$。所以，当为贫穷国时，$D_i=0$，人均收入每增加1.718 28倍（增加到原来的2.718 28倍），平均意义上贫穷国的期望寿命会增加9.39岁。当为富国时，$D_i=1$，截距项水平会增加23.52，达到21.12的水平，但平均意义上富国人均收入每增加1.718 28倍，期望寿命的增加为6.03岁，比贫穷国少3.36岁。

但从统计经验结果看，对数人均收入$\ln X$对期望寿命Y的影响不显著。而方程的拟合情况良好，可进一步进行多重共线性等其他计量经济学检验。

（2）引入$D_i(\ln X_i-7)$项是想考证人均收入对期望寿命的影响在贫穷国和富国之间

的差异。

这个解释变量表明，回归线是一条折线，前半段表示贫穷国的情况，后半段表示富国的情况，贫穷国和富国在截距及斜率上都有差异。贫穷国的截距为−2.4，斜率为9.39，富国的截距为21.12（=−2.4+3.36×7），斜率为6.03（=9.39−3.36）。

（3）设定虚拟变量D_i=1（贫穷国），D_i=0（富国），引入虚拟变量的形式为［D_i（7−lnX_i）］，回归结果变为

$$\hat{Y}_i = 21.12 + 6.03\ln X_i - 3.36\,[D_i(7-\ln X_i)]$$

6.（1）下一年度各季度预期值：

$$Q_1^* = 70 - 0.01\times 110 + 0.2\times 100 - 1.5 = 87.4$$
$$Q_2^* = 70 - 0.01\times 116 + 0.2\times 102 + 3.6 = 92.84$$
$$Q_3^* = 70 - 0.01\times 122 + 0.2\times 104 + 4.7 = 94.28$$
$$Q_4^* = 70 - 0.01\times 114 + 0.2\times 103 = 89.46$$

（2）以第1季度为基准，回归结果为

$$\hat{Q} = 68.5 - 0.01P + 0.2Y + 5.1S_2 + 6.2S_3 + 1.5S_4$$

（3）如果去掉截距项而用上四个季度虚拟变量，估计的结果为

$$\bar{Q} = -0.01P + 0.2Y + 68.5S_1 + 73.6S_2 + 74.7S_3 + 70S_4$$

7.（1）2. 4%。

（2）由于模型2中，$|t_2|=17.03>t_{0.025}(23-3-1)=2.093$，$|t_3|=25.54>t_{0.025}(23-3-1)=2.093$，所有截距项和斜率系数都是高度显著的，说明两个时期Belize人口的水平值和增长率都不同。

（3）1978年以前的增长率为1.5%，1978年以后的增长率为2.6%（=1.5%+1.1%）。

六、上机题

1.（1）对利润函数$Y=\beta_0+\beta_1X+\mu$按加法方式引入虚拟变量D_2、D_3、D_4：

$$Y = \beta_0 + \alpha_1 D_2 + \alpha_2 D_3 + \alpha_3 D_4 + \beta_1 X + \mu$$

其中，

$$D_2\begin{cases}1, & \text{第二季度}\\ 0, & \text{其他季度}\end{cases};\quad D_3\begin{cases}1, & \text{第三季度}\\ 0, & \text{其他季度}\end{cases};\quad D_4\begin{cases}1, & \text{第四季度}\\ 0, & \text{其他季度}\end{cases}$$

EViews软件下，选择“Quick\Estimate Equations”，在出现的对话框中输入“YC @seas(2) @seas(3)@seas(4)X”得如下表所示的估计结果。

Dependent Variable: Y				
Method: Least Squares				
Sample: 1965Q1 1970Q4				
Included observations: 24				
Variable	Coefficient	Std. Error	t-Statistic	Prob.
C	6 487.749	1 735.149	3.739 015	0.001 4
@SEAS（2）	1 378.158	630.522 2	2.185 740	0.014 6

续表

Dependent Variable: Y				
Method: Least Squares				
Sample: 1965Q1 1970Q4				
Included observations: 24				
Variable	Coefficient	Std. Error	t-Statistic	Prob.
@SEAS（3）	−159.295 2	625.391 6	−0.254 713	0.801 7
@SEAS（4）	232.469 0	644.759 1	0.360 552	0.722 4
X	0.039 188	0.011 525	3.400 192	0.003 0
R-squared	0.532 696	Mean dependent var		12 838.54
Adjusted R-squared	0.434 317	S.D. dependent var		1 433.284
S.E. of regression	1 078.001	Akaike info criterion		16.986 66
Sum squared resid	22.079 626	Schwarz criterion		17.232 08
Log likelihood	−198.839 9	Hannan-Quinn criter.		17.051 77
F-statistic	5.414 695	Durbin-Watson stat		0.382 058
Prob(F-statistic)	0.004 403			

$$\hat{Y}=6\,487.7+1\,378.2D_2-159.3D_3+232.5D_4+0.039\,2X$$
$$(3.74)\quad(2.19)\quad(-0.25)\quad(0.36)\quad(3.40)$$
$$R^2=0.532\,7,\ F=5.41,\ \text{DW}=0.382$$

回归结果表明，只有销售额与第二季度对利润有显著的影响。销售额增加1美元，则平均利润可增加4美分；第一季度的平均利润水平是6 487.7美元，而在第二季度中则可提高1 378.2美元。

由于其他季度的影响不显著，故可只引入第二季度虚拟变量 D_2，得如下回归：

$$\hat{Y}=6\,311.7+1\,350.98D_2+0.040\,5X$$
$$(3.84)\quad(2.76)\quad(3.79)$$
$$R^2=0.523\,2,\ F=11.52,\ \text{DW}=0.477$$

（2）如果季度因素对利润率产生影响，则可按乘法方式引入虚拟变量：

$$\hat{Y}=\beta_0+\alpha_1 D_2 X+\alpha_2 D_3 X+\alpha_3 D_4 X+\beta X+\mu$$

EViews软件下，选择“Quick\Estimate Equations”，在出现的对话框中输入“YC @seas(2)*X @seas(3)*X @seas(4)*XX”得如下表所示的估计结果。

Dependent Variable: Y				
Method: Least Squares				
Sample: 1965Q1 1970Q4				
Included observations: 24				
Variable	Coefficient	Std. Error	t-Statistic	Prob.
C	6 813.062	1 768.826	3.852 048	0.001 1
@SEAS（2）×X	0.008 898	0.004 169	2.134 242	0.046 1
@SEAS（3）×X	−0.001 083	0.004 178	−0.259 138	0.798 3

续表

Dependent Variable: Y				
Method: Least Squares				
Sample: 1965Q1 1970Q4				
Included observations: 24				
Variable	Coefficient	Std. Error	t-Statistic	Prob.
@SEAS（4）×X	0.001 154	0.004 183	0.275 771	0.785 7
X	0.037 147	0.012 329	3.012 989	0.007 2
R-squared	0.535 004	Mean dependent var		12 838.54
Adjusted R-squared	0.437 110	S. D. dependent var		1 433.284
S. E. of regression	1 075.336	Akaike info criterion		16.981 71
Sum squared resid	21 970 595	Schwarz criterion		17.227 13
Log likelihood	−198.780 5	Hannan-Quinn criter.		17.046 82
F-statistic	5.465 138	Durbin-Watson stat		0.418 648
Prob(F-statistic)	0.004 216			

可以看出，仍然是第二季度对利润有影响，其他季度的影响不显著，因此只引入第二季度虚拟变量，得如下回归结果：

$$\hat{Y}=6\,654.5+0.008\,8D_2X+0.038\,24X$$
$$(4.06)\qquad(2.81)\qquad(3.57)$$
$$R^2=0.527\,4,\ F=11.72,\ \mathrm{DW}=0.496$$

由此可知，在其他季度，利润率为0.038 24，第二季度则增加到0.047。

2.（1）

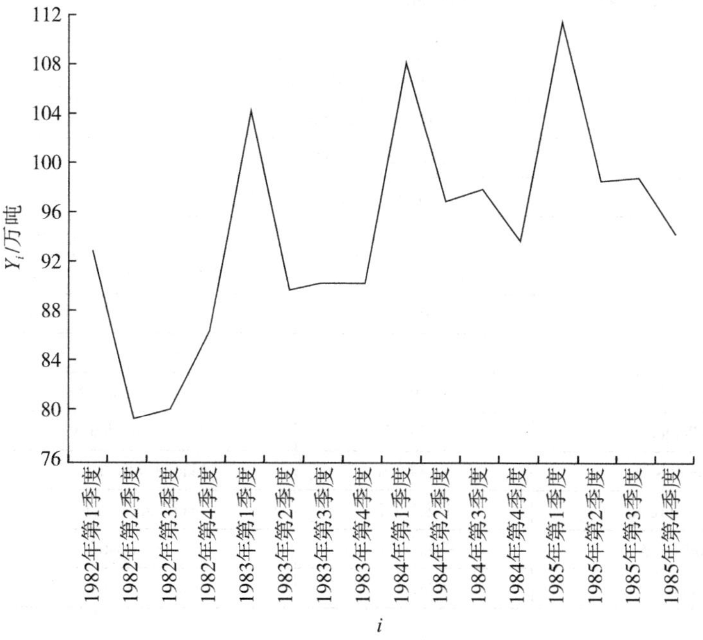

从图形可以看出，酒销售量随时间呈现出逐年增长的趋势，并表现出明显的季节变化态势，每年的第一季度明显高于同年的其他季度。

（2）设置如下三个季度虚拟变量：

$$D_1=\begin{cases}1, & \text{第一季度}\\ 0, & \text{其他}\end{cases};\quad D_2=\begin{cases}1, & \text{第二季度}\\ 0, & \text{其他}\end{cases};\quad D_3=\begin{cases}1, & \text{第三季度}\\ 0, & \text{其他}\end{cases}$$

Dependent Variable: *Y*				
Method: Least Squares				
Sample: 1982Q1 1985Q4				
Included observations: 16				
Variable	Coefficient	Std. Error	*t*-Statistic	Prob.
C	77.800 00	2.241 287	32.131 67	0.000 0
t	1.332 500	0.180 472	7.383 414	0.000 0
D_1	16.922 50	2.346 137	7.212 921	0.000 0
D_2	2.565 000	2.311 170	1.109 827	0.290 7
D_3	1.907 500	2.289 934	0.832 993	0.422 6
R-squared	0.902 249	Mean dependent var		94.475 00
Adjusted *R*-squared	0.866 703	S. D. dependent var		8.842 511
S.E. of regression	3.228 383	Akaike info criterion		5.432 146
Sum squared resid	114.647 0	Schwarz criterion		5.673 580
Log likelihood	−38.457 17	*F*-statistic		25.382 77
Durbin-Watson stat	0.775 141	Prob（*F*-statistic）		0.000 017

由于D_2、D_3的系数不显著，可剔除：

Dependent Variable: *Y*				
Method: Least Squares				
Sample: 1982Q1 1985Q4				
Included observations: 16				
Variable	Coefficient	Std. Error	*t*-Statistic	Prob.
C	79.572 36	1.807 042	44.034 59	0.000 0
t	1.301 220	0.173 615	7.494 857	0.000 0
D_1	15.369 11	1.848 273	8.315 389	0.000 0
R-squared	0.890 416	Mean dependent var		94.475 00
Adjusted *R*-squared	0.873 556	S.D. dependent var		8.842 511
S.E. of regression	3.144 301	Akaike info criterion		5.296 421
Sum squared resid	128.526 2	Schwarz criterion		5.441 281
Log likelihood	−39.371 37	*F*-statistic		52.814 96
Durbin-Watson stat	0.862 136	Prob（*F*-statistic）		0.000 001

表明只有第一季度的酒销售量与第二、三、四季度的酒销售量有明显的区别。

（3）检验模型中时间t的斜率参数有无发生变异，应该以乘法方式引入虚拟变量，由于D_2、D_3对Y影响不显著，因此建立乘法模型：

Dependent Variable: Y				
Method: Least Squares				
Sample: 1982Q1 1985Q4				
Included observations: 16				
Variable	Coefficient	Std. Error	t-Statistic	Prob.
C	81.399 46	1.879 240	43.315 09	0. 000 0
@TREND	1.235 484	0.204 233	6.049 381	0. 000 1
t	13.351 02	3.628 037	3.679 958	0. 003 1
@TREND×t	0.269 516	0.413 541	0.651 728	0. 526 9
R-squared	0.894 162	Mean dependent var		94.475 00
Adjusted R-squared	0.867 702	S.D. dependent var		8.842 511
S.E. of regression	3.216 266	Akaike info criterion		5.386 637
Sum squared resid	124.132 4	Schwarz criterion		5.579 784
Log likelihood	−39.093 10	F-statistic		33.793 51
Durbin-Watson stat	0.956 875	Prob（F-statistic）		0.000 004

由于乘法项系数不显著，因此最后模型为

$$\begin{cases} Y_t = 80.873\,58 + 1.301\,22t\ (D_1 = 0,\quad \text{第2,3,4季度}) \\ Y_t = 96.342\,69 + 1.301\,22t\ (D_1 = 1,\quad \text{第1季度}) \end{cases}$$

另外考虑未引入虚拟变量的模型：

Dependent Variable: Y				
Method: Least Squares				
Sample: 1982Q1 1985Q4				
Included observations: 16				
Variable	Coefficient	Std. Error	t-Statistic	Prob.
C	85.770 00	3.994 099	21.461 66	0. 000 0
@TREND	1.030 000	0.413 060	2.493 585	0. 025 8
R-squared	0.307 547	Mean dependent var		94.475 00
Adjusted R-squared	0.258 086	S.D. dependent var		8.842 511
S.E. of regression	7.616 448	Akaike info criterion		7.014 966
Sum squared resid	812.144 0	Schwarz criterion		7.111 540
Log likelihood	−54.119 73	F-statistic		6.217 966
Durbin-Watson stat	2.116 799	Prob（F-statistic）		0.025 784

未引入虚拟变量拟合优度25.8%与引入虚拟变量拟合优度89%差很多。

第九章 滞后变量模型

一、单选题

1. D 2. C 3. B 4. C 5. B 6. D 7. D 8. B 9. D 10. C 11. A 12. B 13. C 14. D 15. B 16. B 17. D 18. B 19. D 20. B 21. A 22. B 23. C 24. A

二、多选题

1. CD 2. ABCD 3. AB 4. ABCD 5. AC 6. BCD 7. ACD 8. ABCD 9. AC

三、判断题

1. × 2. × 3. × 4. √ 5. × 6. √ 7. × 8. × 9. √ 10. √ 11. × 12. √ 13. √ 14. ×

四、简答题

1. 作用如下：①滞后变量模型可以更全面、客观地描述经济现象，提高模型的拟合优度；②滞后变量模型可以反映过去的经济活动对现期的经济行为的影响，从而描述经济活动的运动过程，使模型成为动态模型；③滞后变量模型可以模拟分析经济过程的变化调整过程。

2. 困难如下：①产生多重共线性；②损失自由度；③滞后长度难以确定。

3. 优点是简单易行、不损失自由度、避免多重共线性和参数估计具有一致性。缺点是设置权数的主观随意性较大，要求对实际问题的特征有比较透彻的了解。通常的做法是多选几组权数分别进行估计，然后根据检验统计量选取最佳方案。

4. 经验加权估计法是用于有限分布滞后模型的一种修正估计方法，该方法根据实际问题的特点及人们的经验，给当期解释变量及各滞后变量指定权数，并按权数构成当期解释变量及各滞后变量的线性组合形成新的变量，再用新的变量与被解释变量回归估计参数。

常用的权数类型有三种，即递减型、矩形和倒V形。

5. 主要是经济变量自身、决策者心理、技术和制度的原因。

6. Koyck变换将无限分布滞后模型变换成只有X_t和Y_{t-1}的一阶自回归模型，模型结构极大简化，最大限度地保留了自由度，解决了滞后长度难以确定的问题，X_t和Y_{t-1}的线性相关程度将低于X各期值之间的线性相关程度，降低了多重共线性。

7. 三种模型的最终形式都是一阶自回归模型。区别：一是导出模型的经济背景和思想不同；二是模型形成机制不同导致模型的随机扰动项的结构不同。模型存在随机解释变量问题，并且模型的随机扰动项的结构不同，给模型估计带来了问题，局部调整模型存在随机解释变量与随机误差项异期相关问题，用OLS法就可得到一致性估计，Koyck变换模型和自适应预期模型存在随机解释变量与随机误差项同期相关问题，需要用工具变量法得到一致性估计。

8. 滞后变量模型有有限分布滞后模型、无限分布滞后模型、自回归模型。

有限分布滞后模型常用经验加权估计法、Almon多项式变换法估计；无限分布滞后模型一般用Koyck变换法估计；自回归模型一般用工具变量法或OLS法估计。

五、案例分析题

1.（1）由于

$$M_t = \alpha + \beta Y_t^* + \gamma R_t \tag{1}$$

$$Y_t^* = \lambda Y_{t-1} + (1-\lambda)\ Y_{t-1}^* + \mu_t \tag{2}$$

方程乘以β有

$$\beta Y_t^* = \lambda \beta Y_{t-1} + (1-\lambda)\ \beta Y_{t-1}^* + \beta\mu_t \tag{3}$$

由方程（1）得

$$\beta Y_t^* = M_t - \alpha - \gamma R_t$$

$$\beta Y_{t-1}^* = M_{t-1} - \alpha - \gamma R_{t-1}$$

代入方程（3）得

$$M_t - \alpha - \gamma R_t = \lambda\beta Y_{t-1} + (1-\lambda)\ \beta(M_{t-1} - \alpha - \gamma R_{t-1}) + \beta\mu_t$$

整理得

$$M_t = \alpha - \alpha(1-\lambda) + \lambda\beta Y_{t-1} + \gamma R_t (1-\lambda)\ M_{t-1} - (1-\lambda)\ \gamma R_{t-1} + \beta\mu_t$$

$$= \alpha\lambda + \lambda\beta Y_{t-1} + (1-\lambda)\ M_{t-1} + \gamma R_t - (1-\lambda)\ \gamma R_{t-1} + \beta\mu_t$$

该模型可用来估计并计算出α、β、γ和λ。

（2）OLS估计量是有偏且一致的。在给定的假设条件下，尽管μ_t与M_t相关，但μ_t与模型中出现的任何解释变量都不是同期相关，因此只是μ与M存在异期相关，所以OLS估计是一致的，但却是有偏的估计量。

（3）如果$\mu_t = \rho\mu_{t-1} + \varepsilon_t$，则$M_{t-1}$和$\mu_t$相关，因为$M_{t-1}$与$\mu_{t-1}$相关。所以OLS估计量有偏且不一致。

2. 添加X_4^2和X_5^2后，估计的模型变为

$$\ln Y = \beta_0 + \beta_1 \ln X_1 + \beta_2 \ln X_2 + \beta_3 X_3 + \beta_4 X_4 + \beta_5 X_5 + \beta_6 X_4^2 + \beta_7 X_5^2 + \mu$$

如果β_6、β_7在统计上显著不为0，则可以认为模型设定有偏误。这个可以通过受约束的F检验来完成$F = \dfrac{(0.375-0.353)}{(1-0.375)/(177-8)} = 2.97$，在10%的显著性水平下，自由度为（2，∞）的$F$分布临界值为2.30；在5%的显著性水平下，临界值为3.0。由此可知，在10%的显著性水平下，拒绝$\beta_6=\beta_7=0$的假设，表明原模型设定有偏误。在5%的显著性水平下，不拒绝$\beta_6=\beta_7=0$的假设，表明原模型设定没有偏误。

3. 可以经验地给出如下V形权数1/4、2/4、3/4、3/4、2/4、1/4，则新的线性组合变量为$Z_t = \frac{1}{4}X_t + \frac{2}{4}X_{t-1} + \frac{3}{4}X_{t-2} + \frac{3}{4}X_{t-3} + \frac{2}{4}X_{t-4} + \frac{1}{4}X_{t-5}$，原模型变为经验加权模型$I_t = \alpha + \beta Z_t + \mu_t$，然后直接用OLS方法估计。

4.（1）投资的短期乘数为0.6，表示当期收入变化1单位，投资平均变化0.6单位。投

资的长期乘数为2.0（=0.6+0.8+0.4+0.2），表示收入变化1单位，由于滞后效应投资平均变化合计为2单位。

（2）消费的长期乘数为0.659［=0.58/（1−0.12）］，表示收入变化1单位，由于滞后效应消费平均变化合计为0.659单位。

5.（1）该模型是一个分布滞后模型，它的含义：当期消费的平均水平不仅取决于当期收入，而且与前几期（题中为前四期）的收入有关。截距项表示本期及前四期收入为零时消费的平均水平。

（2）由于该模型中存在收入的几期滞后值，可能出现多重共线性；且模型中滞后期的选择上可能会出现误差，从而导致模型缺少应该含有的变量，最终导致随机误差项自相关性出现。

（3）为了克服多重共线性，可做如下操作：根据先验信息估计模型；利用一阶差分方法进行数据变换；截面数据和时间序列数据并用；删除变量；利用补充新数据；用多项式回归降低共线性。

为了克服自相关，在ρ已知的情况下我们可以直接利用广义差分方程；在ρ未知的情况下我们可以用科克伦-奥克特迭代法或Durbin两步法来消除自相关。

6.（1）第一栏的t统计量值依次为−3.582 940、6.284 427、0.232 299、−2.596 085，Adjusted R-squared为0.996 058，F-statistic为1 348.639。

（2）估计模型的表达式为

$$\hat{Y}_t = -71.407\,54 + 0.661\,25X_t + 1.131\,14X_{t-1} + 0.736\,73X_{t-2} - 0.522\,00X_{t-3}$$

$$t \quad (-3.582\,94) \quad (3.995\,95) \quad (6.284\,43) \quad (4.484\,62) \quad (-2.223\,12)$$

$$\bar{R}^2 = 0.996,\ F = 1\,348.639,\ \mathrm{DW} = 1.848\,202$$

（3） 短期乘数为0.661 25，动态乘数为1.131 14、0.736 73、−0.522，长期乘数为2.007 12。

经济意义略。

（4）模型整体拟合效果较好，调整的决定系数达到0.996，F值达到1 348.639。所有系数的t统计量值的绝对值均大于显著性水平为5%、自由度为12的临界值2.176，说明所有项解释变量影响显著。

六、上机题

应用Almon多项式变换：

$$\beta_i = \sum_{k=0}^{2} \alpha_k i^k, \quad i = 0,\ 1,\ 2,\ 3$$

易知原模型可变换为

$$Y = \alpha + \alpha_0 \sum_{i=0}^{3} X_{t-i} + \alpha_1 \sum_{i=0}^{3} i X_{t-i} + \alpha_2 \sum_{i=0}^{3} i^2 X_{t-i} + \mu_t$$

或

$$Y = \alpha + \alpha_0 Z_0 + \alpha_1 Z_1 + \alpha_2 Z_2 + \mu_t$$

其中，

$$Z_0 = X_t + X_{t-1} + X_{t-2} + X_{t-3}$$
$$Z_1 = X_{t-1} + 2X_{t-2} + 3X_{t-3}$$
$$Z_2 = X_{t-1} + 4X_{t-2} + 9X_{t-3}$$

在EViews软件下，估计结果如下表所示。

Dependent Variable: *Y*				
Included observations: 17				
Variable	Coefficient	Std. Error	*t*-Statistic	Prob.
Z_0	0.496 209	0.124 159	3.996 563	0.001 5
Z_1	0.676 03	0.362 493	1.864 945	0.084 9
Z_2	−0.323 982	0.124 899	−2.593 949	0.022 3
C	−1 784.821	498.465 4	−3.580 632	0.003 4
R-squared	0.996 794	Mean dependent var		20 467.29
Adjusted *R*-squared	0.996 054	S. D. dependent var		6 997.995
S. E. of regression	439.566 9	Akaike info criterion		15.211 78
Sum squared resid	2 511 848	Schwarz criterion		15.407 83
Log likelihood	−125.300 1	*F*-statistic		1 347.416
Durbin-Watson stat	1.846 084	Prob（*F*-statistic）		0

由此可得到原模型各参数的估计结果：

$$\hat{\alpha} = -1\,784.821, \quad \hat{\beta}_0 = \hat{\alpha}_0 = 0.496\,2$$
$$\hat{\beta}_1 = \hat{\alpha}_0 + \hat{\alpha}_1 + \hat{\alpha}_2 = 0.496\,2 + 0.676\,0 - 0.324\,0 = 0.848\,2$$
$$\hat{\beta}_2 = \hat{\alpha}_0 + 2\hat{\alpha}_1 + 4\hat{\alpha}_2 = 0.496\,2 + 2\times 0.676\,0 \quad 4\times 0.324\,0 = 0.552\,2$$
$$\hat{\beta}_3 = \hat{\alpha}_0 + 3\hat{\alpha}_1 + 9\hat{\alpha}_2 = 0.496\,2 + 3\times 0.676\,0 - 9\times 0.324\,0 = 0.391\,8$$

也可在EViews软件中，选择 “Quick\Estimate Equations”，在出现的对话框中输入“Y C PDL(X,3,2)”，可得下表所表示的结果。

Dependent Variable：*Y*
Method：Least Squares
Date：05/20/06　Time：22:53
Sample（adjusted）：1983　1999
Included observations：17 after adjusting endpoints

Variable	Coefficient	Std. Error	*t*-Statistic	Prob.
C	-1 784.821	498.465 4	-3.580 632	0.003 4
PDL01	0.848 258	0.135 050	6.281 080	0.000 0
PDL02	0.028 067	0.121 891	0.230 264	0.821 5
PDL03	-0.323 982	0.124 899	-2.593 949	0.022 3
R-squared	0.996 794	Mean dependent var		20 467.29
Adjusted *R*-squared	0.996 054	S. D. dependent var		6 997.995
S. E. of regression	439.566 9	Akaike info criterion		15.211 78
Sum squared resid	2 511 848	Schwarz criterion		15.407.83
Log likelihood	-125.300 1	*F*-statistic		1 347.416
Durbin-Watson stat	1.846 084	Prob（*F*-statistic）		0.000 000

续表

Lag Distribution of X	i	Coefficient	Std. Error	t-Statistic
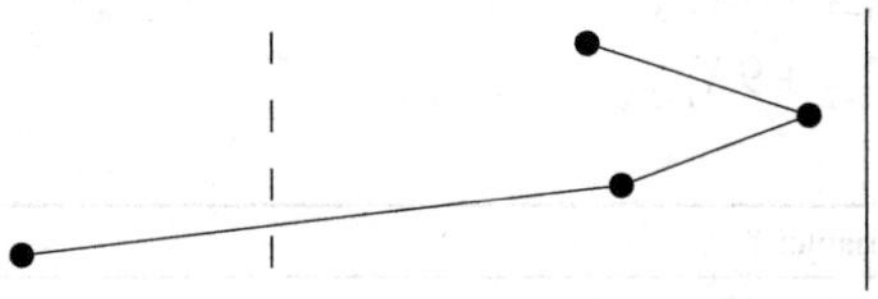	0	0.496 21	0.124 16	3.996 56
	1	0.848 26	0.135 05	6.281 08
	2	0.552 34	0.123 26	4.481 21
	3	−0.391 53	0.176 18	−2.222 34
Sum of Lags		1.505 28	0.047 50	31.692 1

由此，可直接得到原模型的OLS估计结果：

$$\hat{Y}_t = -1\,784.82 + 0.496\,2X_t + 0.848\,3X_{t-1} + 0.552\,3X_{t-2} - 0.391\,5X_{t-3}$$
$$(-3.581)\quad(3.997)\quad(6.281)\quad(4.481)\quad(-2.222)$$
$$R^2=0.996\,8,\ \bar{R}^2=0.996\,1,\ F=1\,347,\ \mathrm{DW}=1.85$$

第十章 时间序列分析

一、单选题

1. C 2. A 3. B 4. D 5. B 6. A 7. D 8. C 9. C 10. C

二、多选题

1. ABC 2. AB 3. ABC 4. BCD 5. ABCD

三、判断题

1. √ 2. √ 3. × 4. × 5. √ 6. √ 7. × 8. √ 9. × 10. √ 11. √ 12. √ 13. × 14. × 15. × 16. ×

四、简答题

1. 用具有协整关系的经济变量建立误差修正模型一般遵循以下几个步骤：①对经济系统进行观察和分析，提出长期均衡关系假设；②对变量进行协整分析，以发现变量之间的协整关系，即检验长期均衡关系假设，并以这种关系构成误差修正项；③建立短期模型，将误差修正项看作一个解释变量，连同其他反映短期波动的解释变量一起，建立短期模型，即误差修正模型。

2. 单位根检验的基本思想可以从一阶自回归过程AR（1）说起，对于AR（1）过程$X_t=\rho X_{t-1}+\varepsilon_t$，平稳条件式$-1<\rho<1$。由于经济事件序列通常有$\rho>0$，一阶自回归过程AR（1）的平稳条件可简化为$\rho<1$，即当$\rho<1$时，平稳；当$\rho\geqslant 1$时，非平稳。于是，检验一阶自回归过程AR（1）是否平稳，可在原假设H_0：$\rho=1$下，检验备择假设H_1：$\rho<1$是否成立。检验结果若接受原假设，一阶自回归过程AR（1）为随机游走，称为存在单位根，得出非平稳的结论；若拒绝原假设，接受备择假设，称为不存在单位根，得出平

稳的结论。一阶自回归过程 $X_t=\rho X_{t-1}+\varepsilon_t$ 可转化为差分形式 $\Delta X_t=(\rho-1)X_{t-1}+\varepsilon_t$，记 $\delta=(\rho-1)$，有 $\Delta X_t=\delta X_{t-1}+\varepsilon_t$，所以，检验AR（1）是否平稳，也可转化为在原假设 H_0：$\delta=0$ 下，检验备择假设 H_1：$\delta<0$ 是否成立。

3. 协整检验通过检验协整回归的残差 e_t 的单整性来实现，协整回归的残差 e_t 是OLS估计得到的残差，OLS采用了残差平方和极小原理，检验中 δ 的估计量往往是向下偏倚的，这样会导致拒绝原假设的机会比实际情形大，于是对 e_t 的平稳性检验的DF和ADF临界值应该比正常的DF与ADF临界值要小。

五、案例分析题

1. 首先第一个方程两边同时减去 y_{t-1}，得到 $\Delta y_{t-1}=\beta\Delta x_t-(y_{t-1}-\beta x_{t-1})+u_t$。然后将 $\Delta x_t=\gamma\Delta x_{t-1}+v_t$ 代入，得到：

$$\begin{aligned}\Delta y_t&=\beta(\gamma\Delta x_{t-1}+v_t)-(y_{t-1}-\beta x_{t-1})+u_t\\&=\beta\gamma\Delta x_{t-1}-(y_{t-1}-\beta x_{t-1})+u_t+\beta v_t\\&=\gamma_1\Delta x_{t-1}+\delta(y_{t-1}-\beta x_{t-1})+\varepsilon_t\end{aligned}$$

其中，$\gamma_1=\beta\gamma$，$\delta=-1$，$\varepsilon_t=u_t+\beta v_t$。

2. （1）$\ln Y$ 与 $\ln X$ 均是I（1）序列。因为式（1）、式（2）显示，对 $\ln Y$ 与 $\ln X$ 进行ADF检验的适当检验模型的 t 值分别为−3.89、−3.97，小于 α =0.05的ADF检验临界值−2.97，表明 $\ln Y$ 与 $\ln X$ 均是I（1）序列。

（2）$\ln Y$ 与 $\ln X$ $(1,1)$ 阶协整。因为式（4）中 e_{t-1} 前的参数的 t 值为−3.69，小于 α =0.05的协整的ADF检验的临界值−3.59，表明协整回归的残差序列 e_t 是稳定的，$\ln Y$ 与 $\ln X$ $(1,1)$ 阶协整。

（3）可建立误差修正模型，因为 $\ln Y$ 与 $\ln X$ 都是一阶单整序列，并且存在协整关系。

（4）由式（3）、式（5）可知，Y 关于 X 的长期弹性、短期弹性分别为0.880、0.507。

（5）式（5）中误差修正项的系数−0.209表明：在 $\ln Y$ 对 $\ln X$ 的长期均衡关系中，$\ln Y$ 对均衡状态的偏离有20.9%可在下期得到修正。

六、上机题

（1）利用EViews软件绘制ln$Y$的图形。

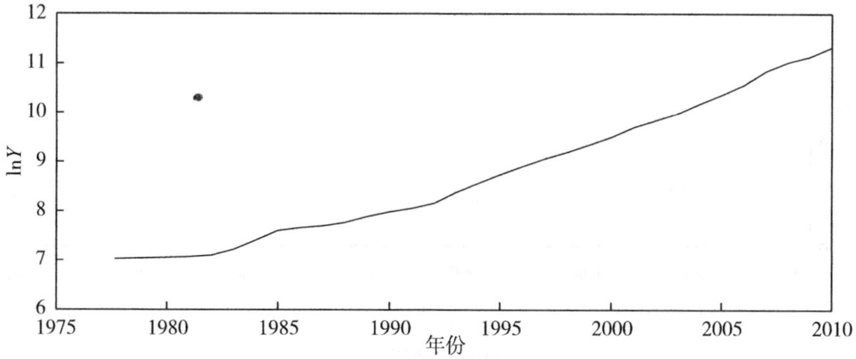

ln$Y$的趋势图

从图形可以看出，ln*Y*有截距项和时间趋势项，因此在EViews 6的ADF单位根检验中选择带有截距项和趋势项，最大滞后长度取8，ADF检验结果如下表所示。*t*统计量大于所有显著性水平下的MacKinnon临界值，因此不能拒绝原假设，ln*Y*序列是不平稳的。

ln *Y* 的ADF检验结果

Null Hypothesis: LNY has a unit root

Exogenous: Constant，Linear Trend

Lag Length: 0 （Automatic based on SIC，MAXLAG=8）

		t-Statistic	Prob. *
Augmented Dickey-Fuller test statistic		−2.364 060	0.390 0
Test critical values:	1% level	−4.273 277	
	5% level	−3.557 759	
	10% level	−3.212 361	

*MacKinnon one-sided *p*-values

一次差分后的ln*Y*序列有截距项，没有趋势项，进行ADF检验结果如下表所示，一次差分后的序列是平稳的。所以，ln*Y* ~ I（1）。

ln *Y* 一次差分的ADF检验结果

Null Hypothesis: D（LNY）has a unit root

Exogenous: Constant

Lag Length: 0（Automatic based on SIC，MAXLAG=8）

		t-Statistic	Prob. *
Augmented Dickey-Fuller test statistic		−2.755 945	0.076 4
Test critical values:	1% level	−3.661 661	
	5% level	−2.960 411	
	10% level	−2.619 160	

*MacKinnon one-sided *p*-values

（2）对ln*X* 作图如下：

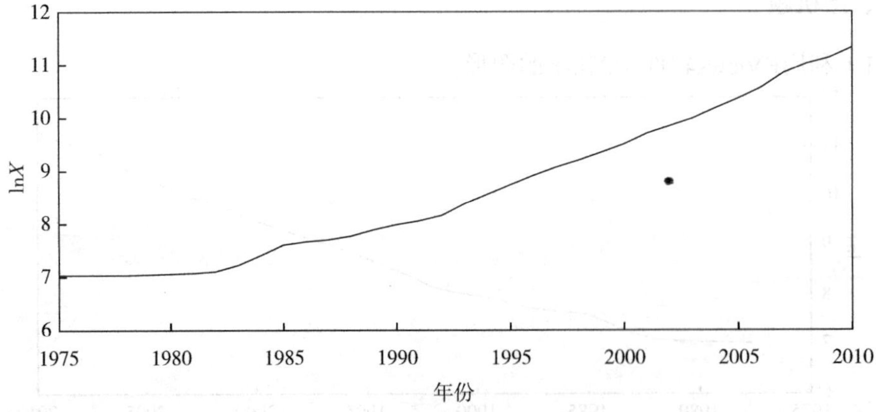

ln*X*的趋势图

从图形可以看出，ln$X$有截距项和趋势项，ADF检验中选择带截距项和趋势项，如下表所示，由表可见，ln$X$序列是非平稳的。

ln$X$的ADF检验结果

Null Hypothesis: LNX has a unit root

Exogenous: Constant，Linear Trend

Lag Length: 0（Automatic based on SIC，MAXLAG=8）

		t-Statistic	Prob. *
Augmented Dickey-Fuller test statistic		−2.804 214	0.206 1
Test critical values:	1% level	−4.273 277	
	5% level	−3.557 759	
	10% level	−3.212 361	

*MacKinnon one-sided *p*-values

一次差分后的序列有截距项，无趋势项，再进行ADF检验，结果如下：

ln$X$一次差分后的ADF检验结果

Null Hypothesis: D（LNX）has a unit root

Exogenous: Constant

Lag Length: 0（Automatic based on SIC，MAXLAG=8）

		t-Statistic	Prob. *
Augmented Dickey-Fuller test statistic		−5.335 310	0.000 1
Test critical values:	1% level	−3.661 661	
	5% level	−2.960 411	
	10% level	−2.619 160	

*MacKinnon one-sided *p*-values

表中显示，ln X一次差分后的序列是平稳的，所以ln X ~ I（1）。

由于ln$Y$和ln X是同阶单整的，两者之间可能存在协整关系。对ln$Y$和ln X采用EG协整检验。ln$Y$为因变量，ln X为自变量，做OLS回归，得到非均衡误差resid，将resid另存为序列r。对r 做ADF单位根检验，首先选择带截距项和趋势项，结果如下表，可知，r为平稳序列。因此ln$Y$和ln X为（1，1）阶协整。

EG协整检验中非均衡误差的ADF检验结果

Null Hypothesis: R has a unit root

Exogenous: Constant，Linear Trend

Lag Length: 5（Automatic based on SIC，MAXLAG=8）

		t-Statistic	Prob. *
Augmented Dickey-Fuller test statistic		−3.554 397	0.053 4
Test critical values:	1% level	−4.339 330	
	5% level	−3.587 527	
	10% level	−3.229 230	

*MacKinnon one-sided p-values

第十一章 联立方程模型

一、单选题

1. C　2. B　3. C　4. C　5. B　6. B　7. B　8. B　9. A　10. C　11. C　12. A　13. D　14. C　15. C　16. D　17. B　18. B　19. B　20. D　21. C　22. A　23. A　24. D　25. D　26. A　27. D　28. C　29. A　30. D　31. C　32. B

二、多选题

1. AD　2. ABCD　3. AB　4. ABC　5. CD　6. CD　7. ABCD　8. ABC　9. BCD

三、判断题

1. √　2. ×　3. √　4. √　5. √　6. ×　7. ×　8. ×　9. ×　10. √　11. √　12. ×　13. √　14. ×　15. √　16.√

四、简答题

1. 联立方程计量经济学模型的结构式$BY+FX=N$中的第i个方程中包含g_i个内生变量和k_i个先决变量，模型系统中内生变量和先决变量的数目用g和k表示，矩阵（$\boldsymbol{B}_0\boldsymbol{\Gamma}_0$）表示第$i$个方程中未包含的变量在其他$g-1$个方程中对应系数所组成的矩阵。于是，判断第$i$个结构方程识别状态的结构式条件如下：

如果$R(\boldsymbol{B}_0\boldsymbol{\Gamma}_0)<g-1$，则第$i$个结构方程不可识别。

如果$R(\boldsymbol{B}_0\boldsymbol{\Gamma}_0)=g-1$，则第$i$个结构方程可以识别，并且如果$k-k_i=g_i-1$，则第$i$个结构方程恰好识别；如果$k-k_i>g_i-1$，则第$i$个结构方程过度识别。其中，符号$R$表示矩阵的秩。一般将该条件的前一部分称为秩条件，用以判断结构方程是否识别；后一部分称为阶条件，用以判断结构方程恰好识别或者过度识别。

2. 主要的原因有三：第一，结构方程解释变量中的内生解释变量是随机解释变量，不能直接用OLS来估计；第二，在估计联立方程系统中某一个随机方程参数时，需要考虑没有包含在该方程中的变量的数据信息，而单方程的OLS估计做不到这一点；第三，联立方程计量经济学模型系统中每个随机方程之间往往存在某种相关性，表现于不同方程随机干扰项之间，如果采用单方程方法估计某一个方程，是不可能考虑这种相关性的，造成信息的损失。

3. 修改方程使得其余每一个方程中都包含至少一个该方程所未包含的变量，并且互不相同，那么所有方程的任意线性组合都不能构成与该方程相同的统计形式，则该方程变为可以识别的方程。

4. 间接最小二乘法只适用于恰好识别的结构方程参数估计，步骤如下：先对关于内生解释变量的简化式方程采用OLS估计简化式参数，得到简化式参数估计量，然后通过参数关系体系，计算得到结构式参数的估计量。

简化式模型应用OLS法得到的参数估计量具有线性性、无偏性、有效性。通过参数关系体系计算得到结构方程的结构参数估计量在小样本下是有偏的，在大样本下是渐进无偏的。

5. 二阶段最小二乘法是既适用于恰好识别的结构方程，又适用于过度识别的结构方程的单方程估计方法，其步骤如下：①用最小二乘法估计简化式，求出结构式模型的随机方程中所包含的内生解释变量的估计值；②以内生解释变量的估计值替代结构式模型的随机方程中的内生解释变量，用最小二乘法估计结构式参数，得到结构式参数的估计结果。二阶段最小二乘估计量的统计性质：在小样本下是有偏的，在大样本下是渐近无偏的。

五、案例分析题

1. （1）若 $\alpha_1 = 0$，则由第一个方程得 $Y_1 = \beta_1 Z_1 + u_1$，这就是一个 Y_1 的简化式。

若 $\alpha_2 = 0$，则由第二个方程得 $Y_1 = \beta_2 Z_2 + u_2$，这也是一个 Y_1 的简化式。

若 $\alpha_1 \neq 0$、$\alpha_2 = 0$，则将 $Y_1 = \beta_2 Z_2 + u_2$ 代入第一个方程得

$$\beta_2 Z_2 + u_2 = \alpha_1 Y_2 + \beta_1 Z_1 + u_1$$

整理得

$$Y_2 = \frac{\beta_2}{\alpha_1} Z_2 - \frac{\beta_1}{\alpha_1} Z_1 + \frac{u_2 - u_1}{\alpha_1}$$

（2）由第二个方程得

$$Y_2 = (Y_1 - \beta_2 Z_2 - u_2) / \alpha_2$$

代入第一个方程得

$$Y_1 = \alpha_1 (Y_1 - \beta_2 Z_2 - u_2) / \alpha_2 + \beta_1 Z_1 + u_1$$

整理得

$$Y_1 = \frac{\alpha_2 \beta_1}{\alpha_2 - \alpha_1} Z_1 - \frac{\alpha_1 \beta_2}{\alpha_2 - \alpha_1} Z_2 + \frac{\alpha_2}{\alpha_2 - \alpha_1} u_1 - \frac{\alpha_1}{\alpha_2 - \alpha_1} u_2$$

这就是Y_1的简化式。Y_2也有简化式，由两个方程易得

$$\alpha_2 Y_2 + \beta_2 Z_2 + u_2 = \alpha_1 Y_2 + \beta_1 Z_1 + u_1$$

整理得

$$Y_2 = \frac{\beta_1}{\alpha_2 - \alpha_1} Z_1 - \frac{\beta_2}{\alpha_2 - \alpha_1} Z_2 + \frac{1}{\alpha_2 - \alpha_1} (u_1 - u_2)$$

（3）在“供给-需求”模型中，$\alpha_1 \neq \alpha_2$ 的条件可以满足。例如，如果第一个方程是供给方程，而第二个方程是需求方程，则这里的Y_1就代表供给量或需求量，而Y_2就代表市场价格。于是，应有 $\alpha_1 > 0$，$\alpha_2 < 0$。

2.（1）内生变量：P、N；外生变量：A、S、M。

（2）容易写出联立模型的结构参数矩阵：

$$\begin{matrix} & P & N & 常量 & S & A & M \end{matrix}$$

$$(\boldsymbol{B\Gamma})=\begin{pmatrix} 1 & -\alpha_1 & -\alpha_0 & -\alpha_2 & -\alpha_3 & 0 \\ -\beta_1 & 1 & -\beta_0 & 0 & 0 & -\beta_2 \end{pmatrix}$$

对第一个方程，$(\boldsymbol{B}_0\boldsymbol{\Gamma}_0)=(-\beta_2)$，因此，秩$(\boldsymbol{B}_0\boldsymbol{\Gamma}_0)=1$，即等于内生变量个数减1，模型可以识别。进一步，联立模型的外生变量个数减去该方程外生变量的个数，恰等于该方程内生变量个数减1，即4−3=1=2−1，因此第一个方程恰好识别。

对第二个方程，$(\boldsymbol{B}_0\boldsymbol{\Gamma}_0)=(-\alpha_2 \quad -\alpha_3)$，因此，秩$(\boldsymbol{B}_0\boldsymbol{\Gamma}_0)=1$，即等于内生变量个数减1，模型可以识别。进一步，联立模型的外生变量个数减去该方程外生变量的个数，大于该方程内生变量个数减1，即4−2=2>2−1，因此第二个方程是过度识别的。

综合两个方程的识别状况，该联立模型是可识别的。

（3）S、A、M为外生变量，所以它们与μ、v都不相关。P、N为内生的，所以它们与μ、v都相关。具体说来，N与P同期相关，而P与μ同期相关，所以N与μ同期相关。另外，N与v同期相关，所以P与v同期相关。

（4）由（3）知，由于随机解释变量的存在，α与β的OLS估计量有偏且是不一致的。

（5）对第一个方程，由于是恰好识别的，所以可用间接最小二乘法（ILS）进行估计。对于第二个方程，由于是过度识别的，因此ILS法在这里并不适用。

（6）对第二个方程可采用二阶段最小二乘法进行估计，具体步骤如下：

第1阶段，让P对常量、S、M、A回归并保存预测值$\hat{P}_t$；同理，让N对常量、S、A、M回归并保存预测值$\hat{N}_t$。

第2阶段，让N_t对常量、$\hat{P}_t$、M_t做回归求第二个方程的2SLS估计值。

3.（1）内生变量为M_t、Y_t；外生变量为P_t；先决变量为P_t。

（2）简化式模型为

$$Y_t = \frac{\beta_0 + \alpha_1\beta_0}{1-\alpha_1\beta_1} + \frac{\alpha_2\beta_1}{1-\alpha_1\beta_1} P_t + \left(\frac{\beta_1}{1-\alpha_1\beta_1} u_{1t} + \frac{1}{1-\alpha_1\beta_1} u_{2t} \right)$$

$$M_t = \frac{\alpha_0 + \alpha_1\beta_0}{1-\alpha_1\beta_1} + \frac{\alpha_2}{1-\alpha_1\beta_1} P_t + \left(\frac{1}{1-\alpha_1\beta_1} u_{1t} + \frac{\alpha_1}{1-\alpha_1\beta_1} u_{2t} \right)$$

结构式参数与简化式参数之间的关系为

$$\pi_{10} = \frac{\alpha_0 + \alpha_1\beta_0}{1-\alpha_1\beta_1}, \pi_{11} = \frac{\alpha_2}{1-\alpha_1\beta_1}$$

$$\pi_{20}=\frac{\beta_0+\alpha_0\beta_1}{1-\alpha_1\beta_1},\pi_{21}=\frac{\alpha_2\beta_1}{1-\alpha_1\beta_1}$$

（3）用结构式条件确定模型的识别状态。结构参数矩阵为

$$\boldsymbol{B\Gamma}=\begin{pmatrix}1 & -\beta_1\\ -\alpha_1 & 1\\ -\alpha_0 & -\beta_0\\ -\alpha_2 & 0\end{pmatrix}^{\mathrm{T}}$$

模型系统中内生变量的数目为g=2，先决变量的数目为k=1。

首先判断第一个结构方程的识别状态。对于第一个方程，有 $R(\boldsymbol{B}_0\boldsymbol{\Gamma}_0)=0<g-1$，所以，第一个结构方程为不可识别的方程。

再看第二个结构方程，有 $\boldsymbol{B}_0\boldsymbol{\Gamma}_0=(-\alpha_2)$，$R(\boldsymbol{B}_0\boldsymbol{\Gamma}_0)=1=g-1$，所以，该方程可以识别，并且 $k-k_2=1=g_2-1$，即第二个方程为恰好识别的结构方程。

综合以上结果，该联立方程计量经济学模型是不可识别的。

（4）为了使模型可以识别，需要第二个方程包含一个第一个方程所未包含的变量，所以引入滞后一期的国内生产总值Y_{t-1}，模型变为

$$M_t=\alpha_0+\alpha_1Y_t+\alpha_2P_t+u_{1t}$$
$$Y_t=\beta_0+\beta_1M_t+\beta_2Y_{t-1}+u_{2t}$$

可以判断，此时两个结构方程都是恰好识别的，这样模型是可以识别的。

（5）如前所述，第一个方程是不可识别的，第二个方程是恰好识别的，所以可以用以上三种方法来估计第二个方程。

4.（1）首先判断第一个方程的识别性：

$$\boldsymbol{B}_0\boldsymbol{\Gamma}_0=\begin{bmatrix}1 & -\beta_1 & -\beta_2 & 0\\ 0 & 0 & 0 & 0\\ -1 & 0 & 0 & -1\end{bmatrix},\ R(\boldsymbol{B}_0\boldsymbol{\Gamma}_0)=2,\ g-1=4-1=3$$

$R(\boldsymbol{B}_0\boldsymbol{\Gamma}_0)<g-1$，所以，第一个方程不可识别。

所以，模型不可识别。

（2）判断第一个方程的识别性：

$$\boldsymbol{B}_0\boldsymbol{\Gamma}_0=\begin{bmatrix}1 & -\beta_1 & -\beta_2 & 0\\ -1 & 1 & 0 & -1\end{bmatrix},\ R(\boldsymbol{B}_0\boldsymbol{\Gamma}_0)=2,\ g-1=3-1=2$$

$R(\boldsymbol{B}_0\boldsymbol{\Gamma}_0)=g-1$，所以，该方程可识别。

另外，$k-k_1=4-1=3,\ g_1-1=2-1=1,\ k-k_1>g_1-1$。
所以，该方程过度识别。

判断第二个方程的可识别性：

$$[\boldsymbol{B}_0\boldsymbol{\Gamma}_0]=\begin{bmatrix}1 & -\alpha_1 & -\alpha_2 & 0\\ -1 & 1 & 0 & -1\end{bmatrix},\ R[\boldsymbol{B}_0\boldsymbol{\Gamma}_0]=2,\ g-1=3-1=2$$

$R[\boldsymbol{B}_0\boldsymbol{\Gamma}_0]=g-1$，所以，该方程可识别。

另外，$k-k_2=4-2=2$，$g_2-1=1-1=0$，$k-k_2>g_2-1$。
所以，该方程过度识别。

第三个方程是恒等式，不存在可识别问题。

综上所述，该模型可识别。

5.（1）模型的简化式为

$$Y_t=\frac{\beta_{10}+\beta_{20}}{1-\beta_{11}-\beta_{21}}+\frac{\beta_{22}}{1-\beta_{11}-\beta_{21}}Y_{t-1}+\frac{u_{1t}+u_{2t}}{1-\beta_{11}-\beta_{21}}$$

$$C_t=\frac{\beta_{10}-\beta_{21}\beta_{10}+\beta_{11}\beta_{20}}{1-\beta_{11}-\beta_{21}}+\frac{\beta_{11}\beta_{22}}{1-\beta_{11}-\beta_{21}}Y_{t-1}+\frac{\beta_{11}u_{2t}-\beta_{21}u_{1t}+u_{1t}}{1-\beta_{11}-\beta_{21}}$$

$$I_t=\frac{\beta_{20}-\beta_{11}\beta_{20}+\beta_{21}\beta_{10}}{1-\beta_{11}-\beta_{21}}+\frac{\beta_{22}-\beta_{11}\beta_{22}}{1-\beta_{11}-\beta_{21}}Y_{t-1}+\frac{\beta_{21}u_{1t}-\beta_{11}u_{2t}+u_{2t}}{1-\beta_{11}-\beta_{21}}$$

（2）由模型的结构式可知，g=3，k=2。下面只对结构式模型中的第一个方程和第二个方程判断识别性。

首先用阶条件判断。第一个方程，已知g_1=2，k_1=0，因为 $k-k_1=2-0=2>g_1-1=2-1=1$，所以该方程有可能为过度识别。

第二个方程，已知g_2=2，k_2=1，因为

$$k-k_2=2-1=1=g_2-1=2-1=1$$

所以该方程有可能恰好识别。

第三个方程为定义式，故可不判断其识别性。

其次用秩条件判断。写出结构型方程组的参数矩阵：

$$\begin{pmatrix}-\beta_{10} & 1 & 0 & -\beta_{11} & 0 & 0\\ -\beta_{20} & 0 & 1 & -\beta_{11} & -\beta_{22} & 0\\ 0 & -1 & -1 & 1 & 0 & 1\end{pmatrix}$$

对于第一个方程，划去该方程所在的行和该方程中非零系数所在的列，得

$$(\boldsymbol{B}_0\boldsymbol{\Gamma}_0)=\begin{pmatrix}1 & -\beta_{22} & 0\\ -1 & 0 & 1\end{pmatrix}$$

由上述矩阵可得到三个非零行列式，根据阶条件，该方程为过度识别。事实上，所得到的矩阵的秩为2，则表明该方程是可识别的，再结合阶条件，所以该方程为过度识别。同理，可判断第二个方程为恰好识别。

（3）根据上述判断的结果，对第一个方程可用两阶段最小二乘法估计参数；对第二个方程可用间接最小二乘法估计参数。

6. 该方程组有g=3，k=2。

（1）需求函数，用阶条件判断，有 $k-k_1=2-2=0<g_1-1=2-1=1$，所以需求函数不可识别。

（2）供给函数，用阶条件判断，过度识别。

（3）用两阶段最小二乘法估计供给函数，因为供给函数可识别，为过度识别。

（4）在供给函数中多加进两个解释变量Y_{t-1}和M_{t-1}，这时，g=3，k=4。由于供给函数

本身过度识别，再在该方程中加进模型中没有出现过的前定变量，供给函数还是过度识别需求函数也过度识别。因此，将仍然用两阶段最小二乘法估计参数。

六、上机题

1. 方程（1）可以用工具变量法估计，方程（2）不能，即只能用工具变量法估计方程（1），不能估计整个模型。

方程（1）的工具变量法估计如下表所示。

Dependent Variable: GDP				
Method: Two-Stage Least Squares				
Date: 06/30/08 Time: 20:40				
Sample: 1990 1999				
Included observations: 10				
Instrument list: C P CONS I				
Variable	Coefficient	Std. Error	*t*-Statistic	Prob.
C	−995.057 8	675.848 5	−1.472 309	0.191 4
M2	−0.122 425	0.031 463	−3.891 033	0.008 1
CONS	1.985 112	0.147 367	13.470 49	0.000 0
I	0.682 893	0.149 961	4.553 807	0.003 9
R-squared	0.999 654	Mean dependent var		51 006.65
Adjusted *R*-squared	0.999 481	S. D. dependent var		24 919.77
S. E. of regression	567.740 2	Sum squared resid		1 933 974.
F-statistic	5 778.690	Durbin-Watson stat		2.694 628
Prob（*F*-statistic）	0.000 000			

2. 二阶段最小二乘法估计。

方程（1）:

第一阶段，用OLS法估计M的简化式方程。

Dependent Variable: M2				
Method: Least Squares				
Date: 06/30/08 Time: 20:43				
Sample: 1990 1999				
Included observations: 10				
Variable	Coefficient	Std. Error	*t*-Statistic	Prob.
C	31 433.22	4 711.532	6.671 550	0.000 5

续表

Dependent Variable: M2				
Method: Least Squares				
Date: 06/30/08 Time: 20:43				
Sample: 1990 1999				
Included observations: 10				
Variable	Coefficient	Std. Error	*t*-Statistic	Prob.
P	−402.488 1	38.755 54	−10.385 30	0.000 0
CONS	4.962 387	0.423 630	11.713 97	0.000 0
I	0.853 803	0.457 366	1.866 782	0.111 2
R-squared	0.998 543	Mean dependent var		59 408.59
Adjusted *R*-squared	0.997 815	S. D. dependent var		37 170.53
S. E. of regression	1 737.496	Akaike info criterion		18.047 45
Sum squared resid	18 113 357	Schwarz criterion		18.168 49
Log likelihood	−86.237 26	*F*-statistic		1 371.001
Durbin-Watson stat	2.218 745	Prob（*F*-statistic）		0.000 000

然后点击工具栏的FORECAST，在出现的对话框中，默认软件给出的估计的M2序列名M2F，点击OK。用M2F替代M2。代入GDP方程用OLS估计：

Dependent Variable: GDP				
Method: Least Squares				
Date: 06/30/08 Time: 20:46				
Sample: 1990 1999				
Included observations: 10				
Variable	Coefficient	Std. Error	*t*-Statistic	Prob.
C	−995.057 8	494.4705	−2.012 371	0.090 9
M2F	−0.122 425	0.023 020	−5.318 314	0.001 8
CONS	1.985 112	0.107 818	18.411 64	0.000 0
I	0.682 893	0.109 716	6.224 201	0.000 8
R-squared	0.999 815	Mean dependent var		51 006. 65
Adjusted *R*-squared	0.999 722	S. D. dependent var		24 919. 77
S. E. of regression	415.375 3	Akaike info criterion		15. 185 42
Sum squared resid	1035220.	Schwarz criterion		15. 306 45
Log likelihood	−71.927 08	*F*-statistic		10 795. 62
Durbin-Watson stat	2.586 716	Prob（*F*-statistic）		0. 000 000

方程（2）：

对于货币供给方程，由于是过度识别的，只能选用二阶段最小二乘法。与第一个方程的估计方法相同，过程如下。

Dependent Variable: GDP				
Method: Least Squares				
Date: 06/30/08 Time: 20:50				
Sample: 1990 1999				
Included observations: 10				
Variable	Coefficient	Std. Error	*t*-Statistic	Prob.
C	−4 843.283	1 126.365	−4.299 925	0.005 1
P	49.274 77	9.265 111	5.318 314	0.001 8
CONS	1.377 590	0.101 275	13.602 44	0.000 0
I	0.578 366	0.109 340	5.289 584	0.001 8
R-squared	0.999 815	Mean dependent var		51 006. 65
Adjusted *R*-squared	0.999 722	S. D. dependent var		24 919. 77
S. E. of regression	415.375 3	Akaike info criterion		15. 185 42
Sum squared resid	1035220.	Schwarz criterion		15. 306 45
Log likelihood	−71.927 08	*F*-statistic		10 795. 62
Durbin-Watson stat	2.586 716	Prob（*F*-statistic）		0. 000 000

Dependent Variable: M2				
Method: Least Squares				
Date: 06/30/08 Time: 20:51				
Sample: 1990 1999				
Included observations: 10				
Variable	Coefficient	Std. Error	*t*-Statistic	Prob.
C	46 784.44	6 327.114	7.394 279	0.000 2
GDPF	3.044 161	0.158 789	19.171 07	0.000 0
P	−545.166 6	53.903 00	−10.113 85	0.000 0
R-squared	0.997 561	Mean dependent var		59 408.59
Adjusted *R*-squared	0.996 865	S. D. dependent var		37 170.53
S. E. of regression	2 081.360	Akaike info criterion		18.362 76
Sum squared resid	30 324 416	Schwarz criterion		18.453 53
Log likelihood	−88.813 78	*F*-statistic		1 431.710
Durbin-Watson stat	1.597 892	Prob（*F*-statistic）		0.000 000

工具变量法和二阶段最小二乘法对方程（1）的估计结果相同。

期末测试题一

一、D A D D B　　C C D A A　　B B B C A　　C B B A B

二、ABCD　　ABCD　　BC　　ACD　　AD

三、× × × × √　　√ × √ √ ×

四、1.

$$\boldsymbol{Y}=\begin{bmatrix}Y_1\\Y_2\\\vdots\\Y_n\end{bmatrix},\boldsymbol{X}=\begin{bmatrix}1 & X_{11} & X_{21} & \cdots & X_{k1}\\1 & X_{12} & X_{22} & \cdots & X_{k2}\\\vdots & \vdots & \vdots & & \vdots\\1 & X_{1n} & X_{2n} & \cdots & X_{kn}\end{bmatrix},\boldsymbol{\beta}=\begin{bmatrix}\beta_0\\\beta_1\\\vdots\\\beta_k\end{bmatrix},\boldsymbol{\mu}=\begin{bmatrix}\mu_1\\\mu_2\\\vdots\\\mu_n\end{bmatrix}$$

行数大于等于列数。

2. 主要原因：①经济变量随时间变化存在的共同变化趋势；②经济变量之间的内在联系；③采用滞后变量；④参数估计过程中样本之间的相关不可避免。

不会。

3. 产生的原因：①经济数据序列惯性；②模型设定偏误；③滞后效应；④蛛网现象；⑤数据的编造。

五、1.（1）$\hat{\beta}_1=\dfrac{\sum x_i y_i}{\sum x_i^2}=\dfrac{90}{36}=2.5\quad \bar{x}=7\quad \bar{y}=18\quad \hat{\beta}_0=\bar{y}-\hat{\beta}_1\bar{x}=0.5\quad \hat{y}_i=0.5+2.5x_i$

（2）第2、6、7列画“____”处所缺数据分别是10、23、1

（3）$\hat{\sigma}^2=\dfrac{\sum e_i^2}{n-2}=\dfrac{7}{8-2}=1.167$

（4）满足　$n=8$　$3(k+1)=6$　$n>3(k+1)$

2.（1）Belize在1970～1992年的人口增长率是2.4%

（2）同时以加法和乘法方式引入了虚拟变量，反映1987年前后斜率和截距都不同

（3）不同。由于模型Ⅱ中所有参数的 t 值的绝对值都大于$t_{0.025}(19)=2.093$，即所有参数都在5%的显著性水平下显著，这说明两个时期Belize人口的水平值和增长率都显著不同

（4）1978年之前和之后的模型分别为$\ln Y_t=4.77+0.015t$、$\ln Y_t=4.695+0.026t$

1978年以前的增长率为1.5%，1978年以后的增长率为2.6%

3.（1）SE（$\hat{\beta}_1$）$=\hat{\beta}_1/t_1=0.383/7.66=0.05$

$\beta_1\in[\hat{\beta}_1\pm t_{0.025}\text{SE}(\hat{\beta}_1)]$，即 $\beta_1\in[0.383\pm1.96\times0.05]$，$\beta_1\in[0.285, 0.481]$

（2）H_0：$\beta_1=\beta_2=\beta_3=\beta_4=\beta_5=0$

$$F=\frac{R^2/k}{(1-R^2)/(n-k-1)}=\frac{0.353/5}{0.647/171}=18.66$$

$F_{0.05}(5, 171)=1.85$，$F>F_{0.05}(5, 171)$ 所以，此模型总体显著

（3）R^2较小，多数变量 t 值较大。不存在多重共线性

（4）是，因为使用了截面数据

（5）H_0：$\rho=0$，H_1：$\rho\neq0$

DW=2.081　$4-d_U=4-1.902=2.098$　$DW<4-d_U$　不存在一阶序列相关

期末测试题二

一、B B A B C　　A B C D C　　D B C B A　　D C C A C

二、ABCD　　BC　　BC　　ABCD　　BC

三、× × ×√√　　×√√× ×

四、1. 包括四个步骤：

第一，理论模型的设定，对经济问题的数学描述或模拟，涉及变量的设定、模型函数形式的设定、参数取值范围的设定三个方面。

第二，模型参数的估计，利用一定的参数估计方法结合样本数据，得到参数估计量或参数估计值。

第三，模型的检验，利用一定的方法检验模型的估计结果能否较好地反映经济变量之间的真实关系，包括经济意义检验、统计推断检验、计量经济检验、预测检验。

第四，模型的应用，对客观经济活动有较好模拟的模型是比较可靠的，可以用于实践，包括结构分析、经济预测、政策评价、检验和发展经济理论。

核心内容是模型参数的估计。

2. （1）解释变量是确定性变量，而且解释变量之间互不相关；

（2）随机误差项具有0均值，同方差，在不同样本点之间独立，不存在序列相关；

（3）随机误差项与解释变量之间不相关；

（4）随机误差项服从正态分布；

（5）模型是正确设定的。

3. 图示检验法、帕克（Park）检验、戈里瑟（Gleser）检验、G-Q（Goldfeld-Quandt）检验、F检验、拉格朗日乘子检验、怀特（White）检验、等级相关系数法。每列1种得1分，列5种以上得5分。

五、

1. （1）$\hat{\boldsymbol{B}}=(\boldsymbol{X'X})^{-1}\boldsymbol{X'Y}=\begin{bmatrix}2.5 & -1.3 & -2.2\\ -1.3 & 4.4 & -0.8\\ -2.2 & -0.8 & 10.0\end{bmatrix}\begin{bmatrix}2\\1\\1\end{bmatrix}=\begin{bmatrix}1.5\\1\\4.8\end{bmatrix}$

$\hat{Y}_i=1.5+X_{1i}+4.8X_{2i}$

（2）$F=\dfrac{\text{ESS}/k}{\text{RSS}/(n-k-1)}=\dfrac{22/2}{2.9/29}=110$

$F>F_{0.05}(2,\ 29)=3.33$，通过方程显著性检验。

（3）$S_{\hat{\beta}_2}=\sqrt{C_{33}\dfrac{e'e}{n-k-1}}=\sqrt{10\times\dfrac{2.9}{29}}=1$

$\left(\hat{\beta}_2\pm t_{\frac{\alpha}{2}}S_{\hat{\beta}_2}\right)=(4.8\pm 2.756\times 1)$

β_2的99%的置信区间为（2.044，7.556）。

2.（1）可能存在多重共线性。因为：回归式（a）中，$F=189.8>F_{0.05}(3,\ 30)=2.92$，

模型总体拟合效果较好，但lnK统计上不显著，$|t|=1.562<t_{0.025}(30)=2.042$。且lnK的系数为负，经济意义不合理。

（2）回归式（b）蕴涵着假定规模报酬不变，这种变换是克服多重共线性问题的一种方法。

（3）没有得到修正。因为回归式（b）中，$F=19.5>F_{0.05}(2,31)=3.32$，模型总体拟合效果较好，但两个解释变量的系数在统计上都不显著，t值分别为0.116/0.15=0.77和0.006/0.006=1，都小于$t_{0.025}(34-2-1)=2.040$。

（4）0.912表示劳动的产出弹性，0.047表示产出的年增长率是4.7%。

3.（1）$DW=0.512<d_L=1.393$，模型（1）存在一阶序列相关，是正自相关。

（2）模型（1）存在高阶序列相关，是三阶序列相关。因为回归（b）、（c）、（d）分别用来检验原模型是否存在二、三、四阶序列相关，回归结果（b）、（c）中各残差的滞后项的t检验的P值都较小，都显著，回归结果（d）各残差的滞后项的t检验的P值较大，不显著。

（3）

$$
\begin{aligned}
M_t-\rho_1M_{t-1}-\rho_2M_{t-2}-\rho_3M_{t-3}=&\beta_0(1-\rho_1-\rho_2-\rho_3)\\
&+\beta_1(\mathrm{GDP}_t-\rho_1\mathrm{GDP}_{t-1}-\rho_2\mathrm{GDP}_{t-2}-\rho_3\mathrm{GDP}_{t-3})\\
&+\mu_t-\rho_1\mu_{t-1}-\rho_2\mu_{t-2}-\rho_3\mu_{t-3}
\end{aligned}
$$

（4）科克伦−奥克特迭代法、Durbin两步法。